本书受到国家社科基金青年项目“基于物质投入产出表（PIOT）视角下的循环经济统计测度问题研究”（13CTJ015）的资助

基于物质投入产出表视角下的循环经济统计测度问题研究

平卫英　著

中国财经出版传媒集团
经济科学出版社
Economic Science Press

图书在版编目（CIP）数据

基于物质投入产出表视角下的循环经济统计测度问题研究／平卫英著．—北京：经济科学出版社，2018.8
ISBN 978－7－5141－9457－9

Ⅰ．①基…　Ⅱ．①平…　Ⅲ．①中国经济－循环经济－经济统计－统计方法－研究　Ⅳ．①F224.5

中国版本图书馆 CIP 数据核字（2018）第 136923 号

责任编辑：白留杰　刘殿和
责任校对：王肖楠
责任印制：李　鹏

基于物质投入产出表视角下的循环经济统计测度问题研究
平卫英　著
经济科学出版社出版、发行　新华书店经销
社址：北京市海淀区阜成路甲 28 号　邮编：100142
教材分社电话：010－88191354　发行部电话：010－88191522
网址：www.esp.com.cn
电子邮箱：bailiujie518@126.com
天猫网店：经济科学出版社旗舰店
网址：http://jjkxcbs.tmall.com
北京财经印刷厂印装
710×1000　16 开　13 印张　190000 字
2018 年 8 月第 1 版　2018 年 8 月第 1 次印刷
ISBN 978－7－5141－9457－9　定价：45.00 元
（图书出现印装问题，本社负责调换。电话：010－88191510）

前　言

近年来，我国的经济增长越来越受到资源“瓶颈”的约束，环境总体的恶化程度也在进一步加深，大力发展循环经济在可持续发展的背景下是大势所趋。要大力发展循环经济，必然会对循环经济的科学测度提出要求。循环经济统计测度有利于对循环经济的发展情况进行定量刻画和描述，科学地监测和评价循环经济的发展程度，为循环经济的良性运行保驾护航，也有利于循环经济发展目标和政策体系的科学制定，因此循环经济统计测度问题的研究意义重大。

本书在深入分析研究循环经济相关基础理论的基础上，借鉴国内外已有的循环经济统计测度思路，从物质投入产出分析（PIOT）的视角提出符合中国国情的循环经济统计测度框架，并在此基础上展开相关实证分析，为我国构建循环经济发展统计测度框架、有效地促进循环经济发展提供参考。

主要内容和基本观点可概括如下：

第一章引言，主要介绍了研究背景和意义、研究内容和研究思路以及创新点。

第二章循环经济理论研究，主要对循环经济相关理论问题做必要阐述，主要包括循环经济的起源、理论基础、概念界定、特征和发展原则、循环经济的发展阶段、运行机理等，为后续的循环经济统计测度打下坚实的理论基础。

第三章基于 PIOT 的循环经济统计测度框架设计，首先系统分析了现有循环经济统计测度的基本思路，这部分集中介绍了目前典型的几种循环统计测度模式，如绿色 GDP 测度模式、资源环境统计指标体系测度模式和物质流分析测度模式。通过比较这些测度模式，从逻辑架构、根本目标以及现实可操作性等方面论证物质流分析框架是循环经济统计测度较为可行的模式。这部分还对本书的主要研究方法——物质投入产出分析（PIOT）进行了系统研究，主要包括物质投入产出分析（PIOT）的起源和国内外研究现状，认为物质投入产出分析（PIOT）能够清晰地展示经济系统内部的物质流动情况，反映循环经济的发展概貌。接下来具体给出了基于 PIOT 的循环经济统计测度框架设计的基本思路，先是明确了循环经济统计测度的基本目的和原则，在此基础上提出了基于 PIOT 进行循环经济统计测度的设计思路，还对循环经济统计测度中涉及的基本概念进行了必要的界定。

第四章经济系统物质流核算账户体系及实证测算，构建了经济系统物质流核算的整体账户体系，在账户体系的基础上凝练了经济系统物质流核算账户体系的若干主要分析指标，并对我国2004～2015 年的经济系统物质流核算主要分析指标展开了相关实证分析。

第五章循环经济统计测度框架的物质投入产出表（PIOT）设计，主要规定了循环经济物质投入产出表涉及的部门分类和物质分类，交代了循环经济物质投入产出表的基本假定，提出了循环经济物质投入产出表的基本表式，并对循环经济物质投入产出表的分析功能进行了系统研究。

第六章基于 PIOT 的经济系统物质流动实证分析，主要对 2004～2015 年经济系统的物质存量进行估算，并展开了经济系统内部部门间的物质流动测算，在此基础上对物质投入产出表的物质消耗系数、物质循环系数、物质存量变化等进行了实证分析，最后利用实证测算资料，对循环经济系统物质循环情况进行了调控分析。

第七章政策建议和研究展望，对循环经济实践发展中存在的突出问题，提出了相关政策建议，此外还讨论了研究的局限性以及未来的研究方向。

总体来看，研究取得的主要进展是：在对循环经济的运行机理进行系统刻画的基础上，尝试构建了基于物质投入产出分析（PIOT）的循环经济统计测度框架，相关研究将进一步丰富现有循环经济理论和实证研究的内容。在现有数据资料的基础上，对2004～2015年我国循环经济的运行情况进行了评价和分析，研究结论有助于认识我国循环经济的发展状况及存在问题。

本书是国家社科基金青年项目“基于物质投入产出表（PIOT）视角下的循环经济统计测度问题研究”（13CTJ015）资助下的成果之一。由于作者水平有限，加之循环经济统计测度问题研究的复杂性，书中关于循环经济统计测度问题的探讨只是初步的、探索性的，许多内容需要精细化，企盼能与更多的专家学者一起对它进行完善和发展。

本书的出版得到了各方面的帮助。感谢国家社科基金青年项目的资助！感谢江西财经大学统计学院的各位领导和同仁！感谢各位从事循环经济研究的专家、学者，本书在写作过程中参考了很多相关资料和前人研究的成果，参考文献和注释如有遗漏或标注不当，敬请谅解。感谢经济科学出版社的大力协助！

由于水平所限，书中错误和疏漏在所难免，不妥之处，敬请读者批评指正。

平卫英

2018年5月于枫林园

目　　录

第一章　引　言

第一节　研究背景和意义

伴随我国经济的稳定增长，资源的高消耗、环境的高污染问题也日益凸显，我国一直在积极探索如何实现经济增长方式的全面转变。循环经济是符合可持续发展理念的经济增长模式，是实现可持续发展的基本途径，是我国现阶段经济发展的必然选择。

国外关于“循环经济”（Recycled/Recycling/Circular economy）这一经济发展模式的研究较少，研究重点往往集中于循环经济的实践应用方面，如废弃物的处理、资源的有效利用、清洁生产等方面，并未将循环经济作为经济发展模式在经济理论层面展开探讨。国内关于循环经济的研究成果很多，以理论研究文献居多，从最初循环经济的概念辨析，发展到系统的循环经济理论体系建构，相关研究已比较成熟。

随着循环经济理论研究的不断深入和循环经济实践的进一步展开，很多学者在循环经济的研究中呼吁尽快实现对循环经济的科学统计测度和评价，但系统的研究成果并不多，大部分学者是在循环经济的下一步研究方向中简要地提到应构建循环经济统计测度体系，具体的可操作性测度设想和测度框架尚未形成，研究仍停留在政策建议层面。如解振华（2005）、张颖和吴志文（2006）、吴季松（2007）、贾淑琴（2011）等均认为，反映循环经济发展要求的核算指标应该被提上日程。目前大多数学者均希望以“绿色 GDP”作为循环经济运行情况的有效测度，通过绿色 GDP 核算实现对循环经济的有效监测和评价。

也有少数学者持不同意见，赵玉川（2006）、朱滔等（2008）、高昂等（2010）等均认为，循环经济离不开科学的测度和评价，物质流分析不失为一种理想的研究方法，遗憾的是虽然这些学者持有此种观点，但未将观点付诸实施做进一步探讨，也没有针对循环经济的本质和运行特征探究物质流分析方法的相应改进。也有学者从投入产出角度探讨如何对循环经济展开统计分析，如吉小燕等（2007）、佟仁城等（2008）、佘雪锋（2012）、李珊珊（2014）从投入产出分析的视角，研究可行的循环经济投入产出分析思路。

现有研究成果中，大部分文献是关于循环经济评价方面的研究，但研究中普遍存在的问题是学者们并未意识到循环经济评价并不等同于循环经济测度，构建的评价指标体系多是各种宏观经济指标和资源环境指标的组合，成果间的区分度不明显，主观性较强，没有在循环经济本质和发展特征的基础上，探索切实反映循环经济发展的基础性指标。总的来看，学界关于循环经济统计测度问题的研究仅停留在提出阶段，基础性测度问题并未得到很好的解决，实际统计部门也未形成操作性强、系统的循环经济统计测度框架，关于循环经济的统计测度工作大都集中在对现有表征资源环境状况的若干统计指标的汇总计算上。

物质投入产出分析表（Physical Input-Output Table，PIOT）提供了一个系统的核算框架用以刻画经济系统中的物质流动，是环境经济核算中的重要分析方法。物质投入产出分析表能够系统地反映经济系统中各项活动伴随的物质流，从物质由自然环境进入经济系统，到经济系统内部流动后贮存，再以废弃物的形式离开经济系统。物质投入产出分析表记录的物质流动给环境经济分析等方面的研究提供了翔实的数据基础，又因为物质投入产出分析提供的研究框架能够与 SNA 合理衔接，使得分析和应用更加方便。从世界范围看，物质投入产出分析的应用还很有限，编制过宏观的物质投入产出表的国家屈指可数，如荷兰、丹麦、意大利、德国。物质投入产出分析未得到广泛重视的原因主要在于其设计、编制到建模分析的理论和实践还不够成熟，未形成统一的指导性文件。我国的物质投入产出表编制研究起步较晚，单永娟等（2007）对经济系统物质流投入产出表的编制进行了研究，徐一剑、张天柱（2006，2007）进行了基于三维物质投入产出表的区域物质流分析模型的研究。王亚菲（2012）设计了包括“基本的”PIOT框架和“扩展的”PIOT框架在内的物质投入产出表。

总体来看，我国有关物质投入产出分析的研究成果非常稀少。研究大多侧重于实证分析，理论分析相对薄弱，缺乏对物质投入产出分析研究框架、分析模型本身的探讨。对如何立足我国实际，构建我国的物质投入产出分析核算框架的问题尚少有人涉足。

本书构建的循环经济统计测度框架定位于资源环境实物量统计的范畴，在我国资源环境统计核算体系尚未完全建立的背景下，相关研究对于构建符合国际标准、适合我国国情的资源环境统计体系，科学进行环境经济分析，具有重要的前期指导意义。从实践意义来看，循环经济的蓬勃发展亟须循环经济统计测度体系的建立。要合理监测、调控循环经济的发展，需要切实掌握循环经济的发展水平、发展阶段和发展特征，这些都需要通过循环经济统计测度来实现。需要循环经济统计测度框架提供一整套科学的方法、指标来定量描述循环经济的发展情况，以利于各部门发现问题，制定目标和政策体系，确保循环经济良性运行。

第二节 主要研究内容及思路

一、主要研究内容

本书严格论证循环经济统计测度的核心问题是“物质循环”，认为以经济系统为中心、对经济系统的物质投入与排放进行数量核算与分析，综合反映整个社会经济系统中的物质流动状况，能够达到对循环经济运行情况进行全面测度和分析的目的。构建的循环经济统计测度框架因为只关注经济系统的“物质流动”，相关核算和分析具有相对的独立性，既可以作为现有国民经济核算体系的子系统存在，也可以作为资源环境统计核算中实物流量核算的内容。本书研究的主要内容可概括如下。

首先，科学系统地掌握循环经济的相关理论，从而明确循环经济统计测度的主要目的——为循环经济的评价和分析提供翔实可靠的数据信息资料、对循环经济的发展实施有效的监控以及为管理决策部门提供良好的咨询服务。其次，确定循环经济统计测度框架设计应遵循的基本原则——整体性原则、层次性原则、衔接性原则、可操作性原则和导向性原则。最后，结合国内外研究文献，科学论证循环经济的核心问题也即循环经济统计测度的核心问题——经济系统的物质循环，经济系统的物质循环是经济系统能够良性发展，同时保持良好的自然环境状况的实现方式，是可持续发展的中心问题，为运用物质投入产出表（PIOT）工具测度循环经济提供基础理论支撑。

在依据物质投入产出表原理设计的循环经济统计测度框架中，经济系统的输入物质量、输出物质量和经济系统内部的物质流量和流向构成了测度框架的核心内容。测度框架主要由两个部分构成，一个部分为经济系统的物质流核算账户体系，另一个部分是经济系统的物质投入产出分析框架。两者相辅相成，物质流核算账户体系主要为经济系统的输入、输出物质建立核算框架，而经济系统的物质投入产出分析框架则是为经济系统内部的物质流动建立分析框架。

经济系统的输入物质量和输出物质量主要用以定量考察经济系统的“物质吞吐规模”，可以反映循环经济的发展水平，也在一定程度上考察经济活动对自然环境的影响。一系列依据经济系统物质流核算账户体系得到的总量指标从投入、排放、再利用等角度刻画经济系统的物质流动概况。按照循环经济的基本发展原则（3R 原则）——减量化、再利用、资源化，这些总量指标可以用来分析经济系统是否按照循环经济的要求健康发展，如经济系统投入、排放的物质量是否保持下降的趋势，经济活动对资源环境的综合影响以及物质的再利用、资源化程度等等。但经济系统投入、排放的物质量不仅和循环经济的实施程度有关，也和经济总量的规模有着密不可分的联系，因此，反映物质流动状况的各项总量指标可以与现有的反映宏观经济规模的总量指标相结合，得到一系列效率指标，从而更加客观、清晰地反映循环经济的发展水平。利用2004～2015年的相关数据资料，对我国经济系统的物质投入、物质排放和物质利用效率指标等进行了实证测算。

经济系统内部的物质流动由循环经济物质投入产出分析框架予以测度，本书科学确定了循环经济物质投入产出表的部门分类、关键假定、基本表式、物质分类、平衡关系以及分析功能。在表式设计上，用于循环经济统计测度的物质投入产出表包括与经济过程相关的全部物质、产品和废物流，除了价值型投入产出表包含的各类生产过程外，还将特别记录供给经济系统其他生产过程的资源恢复产品以及排放到经济系统外的废弃物质。考虑到可操作性的问题，主要将进入经济系统内部的物质按照不同的使用去向分解到生产部门、消费部门和资源恢复部门，重点测算了2004～2015年各部门的物质存量以及部门间的物质流量，并进一步对经济系统内部的物质流动特征展开了分析，完成了基于物质投入产出表（PIOT）的经济系统物质流动实证测算。最后针对实证测算结果，提出了相关政策建议。

二、研究思路

目前关于循环经济统计测度的研究可主要概括为三种基本思路：第一种思路是以“绿色GDP”作为循环经济运行情况的有效测度；第二种思路是直接在现有若干宏观经济指标和资源环境指标的基础上，建立循环经济发展评价体系；第三种思路是从物质变换的角度构建统计测度逻辑框架（这一思路仅有学者提出，但并未探讨其实现问题）。三种思路都是资源环境统计领域的重要研究方法，研究要解决的关键问题是，哪一种思路更契合循环经济的本质和内在特征，哪一种思路能够切实刻画描述循环经济的发展概貌。本书科学论证了物质投入产出分析方法作为循环经济主要测度方法的科学性和可行性，具体见第三章第四节。论证依据主要有：（1）循环经济运行过程与物质投入产出分析表设计逻辑框架之间的一致性。（2）绿色 GDP 测算模式特别关注资源环境“货币化价值”的固有缺陷。（3）现有宏观经济指标在反映循环经济发展水平和程度上的局限性。（4）研究设计的物质投入产出表能够与我国现行宏观统计体系合理衔接并进行联合分析研究，可操作性更强。在以上论证的基础上，结合我国实际，提出依据物质投入产出表原理设计的循环经济统计测度框架，研究技术路线如图 1－1 所示。

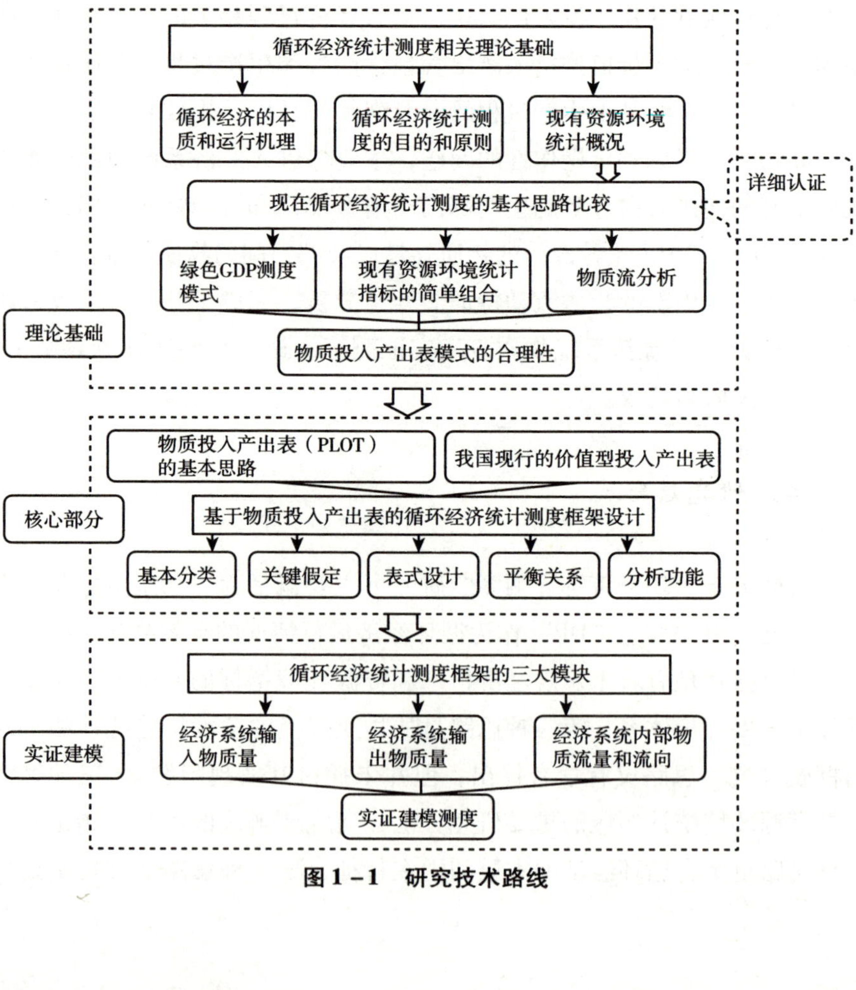

图 1－1 研究技术路线

第三节　可能的创新之处

本书在循环经济统计测度方面进行了初步探索，可能的创新之处有：

1. 目前学界大多是在现有若干资源环境统计指标的基础上，通过构建循环经济评价指标体系来进行循环经济统计测度，而评价指标体系的设计和评价方法的选择大多带有很大的主观性和随意性，另外现有的资源环境指标因为并不是为测度循环经济而专门设计，在反映循环经济发展方面具有局限性。研究最大的创新之处在于利用物质投入产出分析的方法来测度循环经济发展的概貌，测度框架下产生的若干基础性指标旨在客观反映循环经济的发展情况，注重反映经济系统物质的循环利用过程，能够达到完整描述经济系统物质循环过程和特征的目的。

2. 针对测度循环经济发展状况的研究目的，对国际上通行的物质投入产出表的设计进行必要的改造和创新，现行的物质投入产出分析中只涉及所有资源的消耗总量，将使用的循环资源不加区分地并入资源的总消耗中。而循环经济统计测度框架设计上注重反映物质的循环利用过程，力图清晰地描述出物质的使用情况、产品的生产情况、物质贮存、物质循环利用情况以及物质排放情况，进一步完善了 PIOT 的一般框架。

3. 尝试构建了全面系统的循环经济统计测度及分析框架，测度框架用于对循环经济的发展情况进行科学的刻画和分析，研究成果进一步丰富了现有循环经济理论研究的内容。从实践方面来看，对各相关部门掌握我国循环经济发展情况，进行循环经济统计分析，从而服务于循环经济的科学监测和系统分析，具有很强的借鉴作用和指导意义。

虽然研究取得了一些成果，但构建的循环经济统计测度框架仍需进一步完善，最大的难题是测度框架对于基础数据的要求很高。现有的循环经济实证测度部分，数据来源于多个部门和多个渠道，有些指标需要估算。因此，进一步完善我国的资源环境统计工作，建立统一、协调的资源环境数据库，是下一步研究中需要解决的核心问题。

第二章　循环经济理论研究

循环经济相关理论研究是循环经济统计测度的基础，要实现对循环经济的全面测度，首先要深刻认识循环经济的概念、本质和运行特征，这是循环经济统计测度的基础性问题。

第一节　循环经济的产生和发展

循环经济思想的产生可追溯到20世纪60年代。1962年，美国海洋生物学家卡尔逊在其著作《寂静的春天》一书中指出了生物界和人类所面临的危险，是人类以科学的角度首次关注环境问题。在当时环境保护意识尚未建立的宏观环境下，此书的问世带来了巨大的争议，书中惊世骇俗的关于农药危害人类健康和环境的预言，受到了与之利害相关的生产与经济部门的猛烈攻击，但也震撼了社会公众的内心，促使公众普遍关注农药和环境污染问题。美国也于1972年禁止将DDT（一种杀虫剂，由于其在环境中非常难降解，并可在动物脂肪内蓄积，对环境的污染非常严重，因此很多国家和地区已经禁止使用）用于农业生产。卡尔逊在《寂静的春天》出版两年后因为癌症去世，虽然当时受到剧烈的诋毁和攻击，但她的思想为人类环境意识的启蒙点燃了明灯。

“循环经济”这一名词最初由美国经济学家波尔丁提出，波尔丁创立了著名的“宇宙飞船理论”，“宇宙飞船理论”将地球比作太空中的宇宙飞船，宇宙飞船在运行中除了能量需要依靠太阳供给以外，其他一切物质都需要完善的循环来得到满足，如果没有物质循环，“宇宙飞船”当资源耗尽和污染严重来临时，必然会坠落崩溃。也就是说，地球要生存，必须要改变传统的经济增长方式，通过周而复始的物质循环，构造一个自给自足的、无污染的良性生态系统。人类不应将自己定位于自然界的征服者和占有者，而是要和自然环境有机融合在一起，要意识到地球的资源和容量是有限的。宇宙飞船理论要求人类转变发展观念，更加重视物质循环，重视资源环境的保护和综合利用，这样经济社会的发展才是可持续的。波尔丁以上理论的提出，正是循环经济思想发展的源头，在当时具有相当的超前性，对于之后资源环境问题的研究产生了很大的影响。另外，20 世纪 70 年代，美国经济学家克尼斯（A. Kneese）等人提出了“物质平衡理论”，以物质平衡的思想来解释人类与自然环境之间的关系，物质平衡理论中已经体现了循环经济“减量化”“再利用”“再循环”的基本原则。

20 世纪 70 年代，循环经济的理念还未被社会广泛接受，具有一定的超前性。在这一阶段循环经济的理论体系并未得到发展，但此时有组织的环境整治活动开始出现。针对经济过程中造成的环境破坏，世界各国开始关心如何能够有效处理和减缓环境污染，各种环境治理方式和手段应运而生。但这种出现污染危害后再进行补救的“末端治理”方式存在明显的弊端：一般处理污染的设施投资额较大，运行费用高，造成企业生产成本大幅上升，成本的提升在很大程度上抵消了经济增长带来的收益；末端治理往往不能从根本上消除污染，不是解决问题的根本方式；末端治理还忽略了资源的有效利用问题；末端治理导致企业采取各项措施去达到环境法规的要求，而不能从根本上激励企业投资开发高效、低耗的生产工艺技术。

20 世纪 80 年代以后，采用资源化方式处理废物的做法得到推广，但从生产和消费源头防治污染这一提法还未引起应有的重视。总体来看，70～80 年代，环保活动的核心内容是对经济系统引起的环境破坏进行处理，如何有效地降低经济活动本身对环境的影响还未引起应有的重视。

20 世纪 90 年代以后，可持续发展的理念悄然兴起，并日益得到国际社会的关注。1992 年的世界环境与发展会议、1994 年的世界人口与发展会议、1995 年的哥本哈根世界首脑会议都将可持续发展战略作为会议的重要议题。这一阶段各个机构和专家们从不同角度对可持续发展进行了定义。世界环境和发展委员会在《我们共同的未来》中，认为可持续发展是“既满足当代人的需要，又对后代人满足其需要的能力不构成危害的发展”①；英国环境经济学家皮尔斯（Pearce）和沃福德（Warford）于 1993 年在其著作《世界无末日》一书中认为可持续发展要“能够保证当代人的福利增长时，也不应使后代人的福利减少。”

可持续发展观的提出，使原来末端治理的发展思路，转化为源头预防和全过程管理及控制的发展思路，这对人类发展具有里程碑式的意义。现今，可持续发展已经成为解决环境问题，特别是降低环境污染、提高环境质量的根本途径，可持续发展战略成为各国发展中的必然选择。

随着世界各国对可持续发展观的普遍认同，循环经济发展模式作为可持续发展的实现形式也越来越受到国际社会的广泛关注，零散无序的废弃物回收利用及减量化措施开始进行系统整合。这一阶段，循环经济的实践取得了长足的进步，特别是在日本、美国、德国等国家，循环经济的实践进一步促进了循环经济理论体系的形成和发展。

第二节 循环经济的概念界定

关于循环经济的内涵和特征，从不同的分析角度出发有不同的解

---

① 世界环境与发展委员会编，王之佳，柯金良译．我国共同的未来［M］．长春：吉林人民出版社，1997．

读，目前的研究成果主要从资源综合利用、环境保护、人与自然的关系、新的经济增长模式等角度对循环经济进行定义。

一、循环经济的概念

“循环经济”一词可以说是舶来品，起源于西方，早期被称为“Circular Economy”，后来又称为“Recycle Economy”，译名均为循环经济。吴季松（2005）认为“Recycle”实际为“再循环”的意思，比“Circular”更能体现其经济学的含义。[①] 随着循环经济日益受到重视，循环经济的理论研究成果不断丰富，但目前学术界关于循环经济如何定义还存在一些不同的看法，关于循环经济的定义，一般认为有狭义和广义之分[②]。

狭义循环经济。狭义的循环经济概念只关注废弃物的排放，强调在经济过程中注重废弃物的回收和再利用，本质上属于废弃物循环经济。当废弃物脱离生产过程和消费过程时，通过物质的循环利用，可以使最终排放到自然环境的物质量减少，还能最大限度地利用资源，从而也会减少物质投入。[③]

广义循环经济。广义循环经济更强调循环经济是一种经济发展模式，在循环经济的发展模式中，力争把经济活动构造成一个闭环流动过程。从投入端注重物资投入减量化，使用端和输出端强调物质的循环利用。总之，广义循环经济追求的是高资源利用率和低排放，在提高资源利用率的同时兼顾环境保护问题。

相较于狭义循环经济，广义循环经济提到的资源不单指废旧物资的资源化与回收利用，它将传统的废弃物定义为“循环型资源”，不仅强调废旧物资的循环再利用，更强调经济活动中的所有资源都应实现循环

---

① 吴季松．略论新循环经济学［DB/OL］．人民网，2006－05－27．

②③ 马莉莉．关于循环经济的文献综述［J］．西安财经学院学报，2006（2）．

系统中的循环利用。这一认识的进步正好印证了人类资源利用模式从综合利用废弃资源到从根本上减少废弃物的质的飞跃。付晓东（2007）认为，废弃物的再生利用虽然能够有效地降低环境破坏程度、节约资源方面有显著效果，但我们必须意识到这仍然只是“事后补救”“亡羊补牢”的做法，一方面废弃物再生不一定能减少经济过程中的物质流动速度以及物质使用规模；另一方面目前的回收方式也需要耗费能源并排放污染物质，这本身往往就是一种环境不友好的处理活动。①

我国许多学者，如冯之浚、钱易、叶文虎、王如松、吴季松、周宏春等都在广义循环经济的基础上提出了自己对循环经济概念的看法和意见，他们的研究进一步丰富了循环经济的相关理论。由于对循环经济的认识角度不同，综合来看，学者们主要是从资源综合利用、环境保护、人与自然的关系、新的经济增长模式等方面对循环经济进行定义。例如，李兆前（2004）从人与自然关系角度（遵从生态规律）、生产的技术范式角度（清洁生产和环境保护，也属于生态经济学的范畴）、新的经济形态（闭环型物质流动模式）这三个角度来定义循环经济②。也有学者在此定义基础上增加了资源综合利用和环境保护角度来界定循环经济的概念，如周宏春（2005）③ 和赵立祥（2007）④。以下有重点按类别的对一些经典定义做简要介绍。

1. 从资源综合利用角度界定循环经济。冯良（2002）、周宏春（2002）认为，循环经济是指通过废弃物和废旧物资的循环再生利用来发展经济，目标是使生产和消费过程中投入的自然资源最少，向环境中排放的废弃物最少，对环境的危害或破坏最小，即实现低投入、高效率和低排放的经济发展。⑤⑥ 一些学者对此有不同的看法，如徐嵩龄

① 付晓东．循环经济与区域经济［M］．北京：经济日报出版社，2007.

② 李兆前，齐建国．循环经济理论与实践综述［J］．数量经济技术经济研究，2004（9）.

③ 周宏春，刘燕华等．循环经济学［M］．北京：中国发展出版社，2005.

④ 赵立祥等．日本的循环型经济与社会［M］．北京：科学出版社，2007.

⑤ 冯良．关于推进循环经济的几点思考［J］．节能与环保，2002（9）.

⑥ 周宏春．循环经济：一个值得重视的发展趋势［J］．新经济导刊，2002（9）.

（2004）分析浙江省经济崛起的例子后认为浙江的生产经营者们利用散布全国的废弃物资源，成本低廉地通过市场手段进行企业创建和运营，由小到大地逐步积累资金，成就现时相当壮观且高效的浙江经济，这可以称为“废弃物经济”但绝非“循环经济”，因为这一经济模式的实现还未成功解决废弃物再利用后的污染问题。[①] 周宏春（2005）进一步指出废弃物的回收利用属于循环经济，这也说明循环经济遵循经济学规律，产生外部性问题。从这一角度界定，不免落入狭义循环经济的范畴，事实上仅靠物质流量的循环利用是不可能满足经济发展需要的，从这一角度界定循环经济具有一定局限性。[②]

2. 从环境保护角度界定循环经济。循环经济概念的产生直接源于环境恶化、资源短缺的经济发展背景。其作为环境保护的一种有益方式，已取得普遍共识。陈德敏（2004）认为，循环经济的基本概念是：为保护环境，实现物质资源的永续利用及人类的可持续发展，按照生态循环体系的客观要求，通过清洁生产、市场机制、社会调控等方式，促进物质资源在生产与生活中循环利用的一种经济运行形态，实现总体经济发展与资源、环境的协调，目的是既实现环境友好，也保护了经济的良性循环与发展。[③] 解振华（2005）指出循环经济从根本上解决了经济增长与资源环境的矛盾，并认为循环经济以最有效利用资源和保护环境为基本特征。[④] 总的来看，从环境保护角度来界定循环经济，其中的资源循环利用是途径，而环境保护则是目的或结果。

3. 从技术范式角度界定循环经济。循环经济是一次范式革命。冯之浚（2005）借鉴托马斯·S. 库恩在《科学革命的结构》一书中提出来的“范式理论”来研究循环经济的内在规律和演进方式，探索和

---

① 徐嵩龄. 为循环经济定位［J］. 产业经济研究，2004（6）.

② 周宏春，刘燕华等. 循环经济学［M］. 北京：中国发展出版社，2005.

③ 陈德敏. 循环经济的核心内涵是资源循环利用［J］. 中国人口·资源与环境，2004（2）.

④ 解振华. 统一认识，加快推进循环经济发展［J］. 中国党政干部论坛，2005（2）.

总结过去的生产过程末端治理范式和循环经济范式，认为循环经济本质上是一种生态经济，倡导一种与环境和谐的经济发展模式，遵循“减量化、再利用、资源化”原则，采用全过程处理模式，以达到减少进入生产流程的物质量、以不同方式多次反复使用某种物品和废弃物的资源化目的，是一个“资源—产品—再生资源”的闭环反馈式循环过程，循环经济实现了从“排除废物”到“净化废物”再到“利用废物”的过程，达到“最佳生产、最适消费、最少废弃”的状况。[①]李健、顾培亮（2001）则从循环经济角度，把制造系统定义为“一个以追求利润—环境双效为目标的技术经济系统”：在先进制造技术和先进管理系统的支撑下，形成一个不断追求缩短生产周期，提高产品质量，降低生产成本，完善售后服务，减少能源消耗和环境污染的系统。[②]曹光辉、齐建国（2006）指出，人类社会进入工业化社会以来有三种不同的技术经济范式可供选择：一是传统单向线性开放式范式；二是污染物的在生产和消费过程末端治理范式；三是循环经济的技术经济范式，其技术特征是从污染源头治理，其经济特征是环境要素的经济化。[③]

4. 从人与自然关系角度界定循环经济。目前从人与自然关系角度界定循环经济的研究主要是从物质循环流动和尊重生态规律这两方面着手的。曲格平（2002）认为，循环经济本质上是一种生态保护型经济，它要求运用生态学规律来指导人类社会的经济活动，按照自然生态系统物质循环和能量流动规律重构经济系统，使经济系统和谐地纳入到自然生态系统的物质循环过程中，建立起一种新形态的经济。[④]左铁镛（2004）认为，循环经济是运用生态学规律来指导人类社会经济活动，是以资源的高效利用和循环利用为核心，以“减量化、再利用、再循环”为原

① 冯之浚．论循环经济［J］．福州大学学报（哲学社会科学版），2005（2）．

② 李健，顾培亮．论循环经济的制造业技术选择与保障措施［J］．天津财经大学学报，2001（4）．

③ 曹光辉，齐建国．循环经济的技术经济范式与政策研究［J］．数量经济技术经济研究，2006（5）．

④ 曲格平．发展循环经济是21世纪的大趋势［J］．当代生态农业，2002（21）．

则，以低消耗、低排放、高效率为基本特征的社会生产和再生产范式，其实质是以尽可能少的资源消耗和尽可能小的环境代价实现最大的发展。① 同样的，冯之浚（2005）在《论循环经济》一文中指出，“所谓循环经济，就是按照自然生态物质循环方式进行的经济模式，它要求用生态学规律来指导人类社会的经济活动。循环经济以资源节约和循环利用为特征，也可称为资源循环型经济。”②

恩格斯曾说，我们不要过分陶醉于我们人类对自然界的胜利，对于每一次这样的胜利，自然界都会对我们进行报复——因此我们每走一步都要记住：我们统治自然界绝不像统治者征服异族人那样，相反地，连同我们的肉、血进而头颅都属于自然界和存在自然界之中。这正是人类不应该试图征服自然，而应是自然的一部分的精辟论述。人类既要维护自身的利益，还要肩负起维护整个生态系统平衡的责任，实施减量化、再利用和资源化生产，开展无害环境管理和环境友好消费。

5. 从经济形态和增长方式角度界定循环经济。循环经济是一种全新的经济增长方式。苏杨和周宏春（2004）认为，循环经济是一种新的经济增长方式，在此概念之后循环经济也可以认为是一种新的污染治理模式。③

付晓东（2007）认为，循环经济是一种新的经济发展模式、新的资源利用模式、新的环境保护模式，较之于过去以“高开采、高生产、高消费、高排放”为核心理念、由“资源—产品—废物”所构成的物质单向流动。对于传统经济来说，循环经济是一种集约化发展的经济模式，根本目的是解决越来越突出的资源环境问题，循环经济是以资源高效利用为核心理念，由“资源—产品—资源”构成的反馈式

---

① 左铁镛. 发展循环经济 构建资源循环型社会［DB/OL］. 人民网，2004-11-21.

② 冯之浚. 论循环经济［J］. 福州大学学报（哲学社会科学版），2005（2）.

③ 苏杨，周宏春. 发展循环经济的几个基本问题［J］. 经济理论与经济管理，2004（10）.

循环流动经济。[①]

由此可见，循环经济是对传统经济发展理念和发展模式的一次革新，作为一种新的生产方式，它与传统经济最大的区别在于后者把地球看成巨大的资源库和排污场，粗放型、一次性利用资源，向环境排放大量污染物实现经济的数量式增长，而循环经济认为没有严格意义的废弃物，只有放错的资源，强调集约型经济增长。

但也有学者对此表示质疑。刘学敏（2006）认为，“循环经济是一种全新的经济发展模式”这一观点既没有理解模式的真正含义，也忽视了循环经济的实践性。[②] 吴季松（2008）认为循环经济不是一种新的经济发展形态，其实应该是后工业化经济的模式，如果从新的经济模式上去界定和理解循环经济是不合适的。虽然否定循环经济作为新的发展模式，但也同意循环经济是实现可持续发展、促进经济与资源和谐发展的有效途径。[③]

二、循环经济概念辨析

随着全球环境恶化、资源短缺形势的日益严峻，人们对循环经济的认识深度和广度不断扩大，环境保护思想和理念不断完善和深化，理论体系构筑方面已经取得了较大进步。但必须注意到循环经济的涉及面很广，在发展历程中学者对于循环经济的理解也在不断变化和发展。例如德国的循环经济起源于垃圾的回收处理，亦称“垃圾经济”，但这并不代表“垃圾经济”等同于目前研究所指的循环经济。考虑到人们对循环经济认识可能有偏颇，所以在这里有必要对循环经济的相关概念作详细辨析，梳理循环经济发展的体系脉络。

1. 循环经济不等同于废弃物回收。不能将废弃物回收等同于循环

---

① 付晓东．循环经济与区域经济［M］．北京：经济日报出版社，2007.

② 刘学敏．循环经济机制与模式研究［J］．经济纵横，2007（1）.

③ 吴季松．循环经济概论［M］．北京：北京航空航天大学出版社，2008：281.

经济，废弃物回收利用只是循环经济的一个方面。废弃物的回收利用主要是指对各产业部门在生产过程中排放的固体废弃物、液态废弃物和气态废弃物进行回收再利用，还可以对生产过程产生的余热、余压等进行综合利用，也包括对消费过程产生的各种废弃物回收利用。但由于废弃物的回收利用本身又消耗能源，因此从这个角度来说把废弃物回收利用等同于循环经济是以偏概全。需要说明的是，目前废旧物回收的再污染问题还未成功解决。

2. 循环经济不等同于清洁生产。清洁生产是指在生产过程中，对物质的投入和废弃物的排放采取预防为主的策略，在整个生产过程中注意各类环境问题的产生，将经济利益和环境利益最大化。清洁生产以过程控制代替末端治理的思想与循环经济是一致的。但在实施层次和资源运行模式上两者存在差异，一方面清洁生产主要在企业内部进行，作用于经济活动的各个过程，包括生产过程、产品和服务等方面，是循环经济在企业层面上的表现形式，而循环经济本身则侧重分析整个经济体的生产活动情况。另一方面，清洁生产在整个产品的生命周期中都要求减少污染，而循环经济从产品设计之初就强调采取各项措施减少污染的产生，即一个是强调“从摇篮到坟墓”，另一个是强调“从摇篮到摇篮”。

3. 循环经济不意味着“零排放”。关于循环经济是“全封闭零排放的资源利用方式”的认识是错误的。在生态系统中任何生物都做不到“封闭式的零排放”。徐嵩龄（2004）认为在自然生态系统中，自然生物排放的废弃物不仅参与封闭式的“种间循环”和“种内循环”，而且还参与“生物—地球—化学循环”。当然物质零排放的结果是很理想的，意味着经济系统对环境系统不产生影响，但经济过程是一个持续进行的动态过程，物质输入和物质排放也都是动态的过程，要实现物质零排放，即认为所有的物质都不是废弃物，对经济系统来说都是有用的物质，但经济系统毕竟还要源源不断地从自然生态系统中利用物质，这一过程将是持续的，不可能不对自然环境造成影响。物质零排放的思想在现实中很难实现。[①] 吴季松（2008）从生产实践出发，质疑了循环经济零排放论，认为“零排放”“全封闭”类似制造永动机，在大多数情况下不具备经济可行性，把自然资源转化为社会产品，一定会有资源的消耗，一次性投入的“完全循环”是不现实的，另外，自然生态系统有自净能力，“零排放”是不必要的，充分利用这一能力才是人与自然和谐发展的选择。[②]

4. 循环经济不等同于污染治理。循环经济不仅仅是指当环境受到损害时，才采取措施治理污染。过去的“末端治理”模式仅仅处理生产排放的污染物，存在很大的局限性，是问题发生后的被动做法，不能从根本上解决环境保护问题。发展循环经济这一举措本身就是保护环境、缓解资源压力的重要途径，因为循环经济强调资源的高效利用，从源头预防，生产过程做到低排放，最后是污染治理，理念较之于污染治理上升了一个层次。

综合以上，研究中认为循环经济首先是一种经济发展方式，在循环经济的发展中，物质循环利用是其要义所在。物质循环利用主要体现在经济过程的物质循环是一个闭合循环过程，即从自然界提取物质到利用物质生产产品再到物质排放，不是单一的流程，在物质使用和物质排放环节，通过物质循环利用使物质实现资源化和再利用，直接的后果是输入的物质、排出的物质量减少，经济过程对资源环境的扰动也达到最小。如前所述，经济过程是一个动态过程，在这个动态过程中，物质循环流动形成的闭环模式，使社会经济的运行过程类同于生态系统，最终使经济社会达到与自然环境和谐发展的动态平衡。在上述定义中可以发现，循环经济的关键特征在于物质投入和物质排放减量化、物质资源化和再利用。循环经济的中心环节是提高物质的综合利用程度和效率。

① 徐嵩龄．为循环经济定位［J］．产业经济研究，2004（6）．

② 吴季松．循环经济概论［M］．北京：北京航空航天大学出版社，2008．

第三节　循环经济的发展原则和发展阶段

一、循环经济的发展原则

循环经济的发展原则（又称“3R”原则）以“物质循环”为核心，集中体现了循环经济发展的基本要求和活动准则。

1. 减量化原则（Reduce）。“减量化”是循环经济发展的首要原则，也是经济过程减少对自然环境系统影响的最重要环节。减量化原则强调从源头减少物质投入，当然是在保证生产和消费的基本要求的前提下以最少的物质投入达到要求。在以前的经济发展过程中，经济系统对自然环境的扰动主要是从自然环境中不计代价地攫取资源，减量化原则首先从源头上强调对投入物质进行控制，在物质排放端，物质减量化原则也同样适用，物质排放主要利用了自然环境的受纳功能，即环境接受了经济过程产生的各项废弃物，但环境的容量是有限的，超过环境容量的排放造成了环境质量的下降和一系列环境污染问题的发生。因此，从源头上控制物质排放量，目的是将废弃物排放对环境的影响降到最低。

2. 再利用原则（Reuse）。对于进入经济系统的物质，其在形成产品（包括各项消费类产品，也包括各项资产类产品）之后，首先要注意尽可能持久利用，持久利用的结果是可以使物质在经济系统内的贮存时间拉长，从而在动态的经济过程中减少物质投入和物质排放量。当然再利用原则和目前倡导促进消费的原则可能会有所冲突，但促进消费更多的是希望挖掘未发现的、未满足的经济增长点，而不是强调消费的短期化，即消费的产品很快成为废弃物，在经济过程中持续的时间很短，这样既浪费资源又会增加物质排放，得不偿失，在我国目前资源环境问题日益严重的宏观背景下，物质再利用原则应得到广泛的重视。应在消费中倡导节约资源的理念，通过延长消费品的使用周期或者通过集中提供消费服务以降低物质消耗量。

3. 资源化原则（Recycle）。资源化原则主要体现在物质排放端，通过资源综合利用技术的提高，将退出经济系统的物质重新再利用，而不是作为废弃物直接排放至环境当中。资源化可以有两种方式，一种是物质的本来形式不变，重新回收后再利用；另一种是改变原有物质的形态，例如各种废弃物质的回收再利用形成新的物质投入的过程。

循环经济的以上原则得到了广泛的认同，三个原则全面界定了循环经济的发展要求。减量化原则在物质投入方面进行控制，不仅强调减少经济系统的物质投入，而且要求尽量使用再生资源，另外在物质输出端强调减少物质排放。再利用原则强调物质使用过程中的控制，要求尽量延长物质使用周期，从而节约物质投入和降低物质排放。资源化原则主要强调废弃物的综合循环利用，从而倡导废弃物排放最小，将经济系统对资源环境的影响降到最低。从循环经济三个原则的作用来看，以预防为主的“减量化原则”是最重要的法则。这是因为循环经济的根本目标是在经济过程中尽可能减少物质投入，有效利用资源，并且系统地避免和减少废弃物。再利用原则和资源化原则如果没有减量化原则做支撑，不一定能够减少经济过程中的物质使用规模及降低物质流动速度。

二、循环经济的发展阶段

伴随循环经济的实践进一步深入，循环经济的发展阶段可以初步分为起步阶段、发展完善阶段和成熟阶段。起步阶段的特点是循环经济的理念已经被广为接受，但还未积极投入实践。发展完善阶段的特点是循环经济的理论体系不断完善，循环经济的实践开始起步。成熟阶段的特点是循环经济的理论建构已经完成，社会各个领域、各个层面均贯彻循环经济的各项基本原则，经济社会与资源环境之间的关系日趋和谐。以下结合循环经济发展的实际情况，分析我国所处的循环经济发展阶段。

改革开放以后，我国的经济快速发展，取得了举世瞩目的成就。

2010年我国的经济总量超过日本，成为全球第二大经济体。经济发展的成就虽然辉煌，但却是以大量的资源消耗和严重的环境污染为代价的，资源环境问题已成为社会经济发展中所面临的最大挑战和压力。从我国的基本国情和现实需要出发，循环经济是解决经济高速增长与生态环境日益恶化矛盾的根本出路。

现阶段，我国传统的线性发展模式已经开始转变，循环经济的发展理念正在逐步形成。国家在“十二五”规划中明确提出资源产出率提高15%的目标，并且编制了《循环经济发展战略及近期行动计划》。循环经济实践已经度过了实验和示范阶段，进入到广泛实施阶段。在法律体系上，《循环经济促进法》于2009年1月1日起开始实施，一些地区也先后制定了地方循环经济促进条例，这都标志着我国的循环经济法律标准体系初步建立，循环经济进入了法制化管理渠道。在政策机制上，中央财政正在完善环保收费政策，深化资源性产品的价格改革，开展资源税改革试点。在技术支持上，已经将循环经济的技术列入到国家中长期科技发展规划中，以支持关键技术的研发。在产业体系上，产业循环链不断深化，废旧资源的回收体系正在逐步建立。

但是，循环经济发展还面临着严峻的挑战。我国是一个人口大国，这是基本国情，人均资源远低于世界的平均水平，长期以来的传统线性增长模式已使资源环境受到重创。随着人们物质生活水平的提高，对资源的消耗也会随之不断地增加，因此，资源短缺的矛盾将随着社会的发展进一步加剧。在资源短缺的同时，环境污染也十分严重，盲目追求经济利益导致的短视化发展、大众长期以来环保意识的薄弱，使环境遭受重创，不得不牺牲更多的经济利益作为环境质量破坏的代价。

长期以来的线性增长模式仍然大量存在，经济发展模式的转型还处在初始阶段，转型过程中出现的一系列问题还有待解决。消费观念方面，目前绿色消费的理念已经得到了很大普及，国家的政策也大力支持，但现实中仍然存在不少的过度消费、浪费情况，绿色消费观念还有待进一步普及。

总之，我国的循环经济处于发展完善阶段，但发展势头良好。目前在中央各项方针政策的指导下，各级政府和企事业单位均把发展循环经济作为当前工作的重点，积极展开循环经济实践和试点工作，在实践中不断探索循环经济的发展经验。学术界对循环经济的研究也十分关注，不同学科领域的专家从不同的角度对循环经济展开了深入系统的分析，并取得了大量的研究成果，有力地支持了循环经济的实践开展。循环经济是未来我国经济发展的主要方向，正呈现出蓬勃的生机和发展活力。

第四节 循环经济的运行机理

循环经济运行机理是科学设计循环经济统计测度框架的基础，以下主要从宏观层面分析循环经济的运行特征和模式，如图 2 - 1 所示。

循环经济运行的核心部分是生产，生产环节是通过各项生产要素的投入产出产品的过程，是人类社会赖以生存的基础条件之一。生产的过程会利用各种自然资源和物质，同时也会产生废弃物排放。生产环节对于循环经济的意义非凡，生产环节对自然环境影响最大，减量化利用物质，提高物质利用效率，减少废弃物质排放，废弃物再利用和资源化，生产环节都是工作的重中之重。消费环节虽然也会对自然环境产生影响，但消费环节使用的绝大部分都是生产环节提供的产品，极少部分消费环节有直接利用自然资源的情况。

消费环节是指广大住户部门消耗各种物质、产品满足其各种需求的过程，生产出来的产品最终目的还是用做消费。当物质和产品在消费环节结束使用后，消费环节会产生相应的废弃物排放。消费品的购买、使用到废弃物排放的全过程，消费者的绿色消费意识对物质消耗、物质再利用及物质排放起着极其重要的作用。

在生产和消费过程中，物质的再利用和资源化环节始终存在，可以

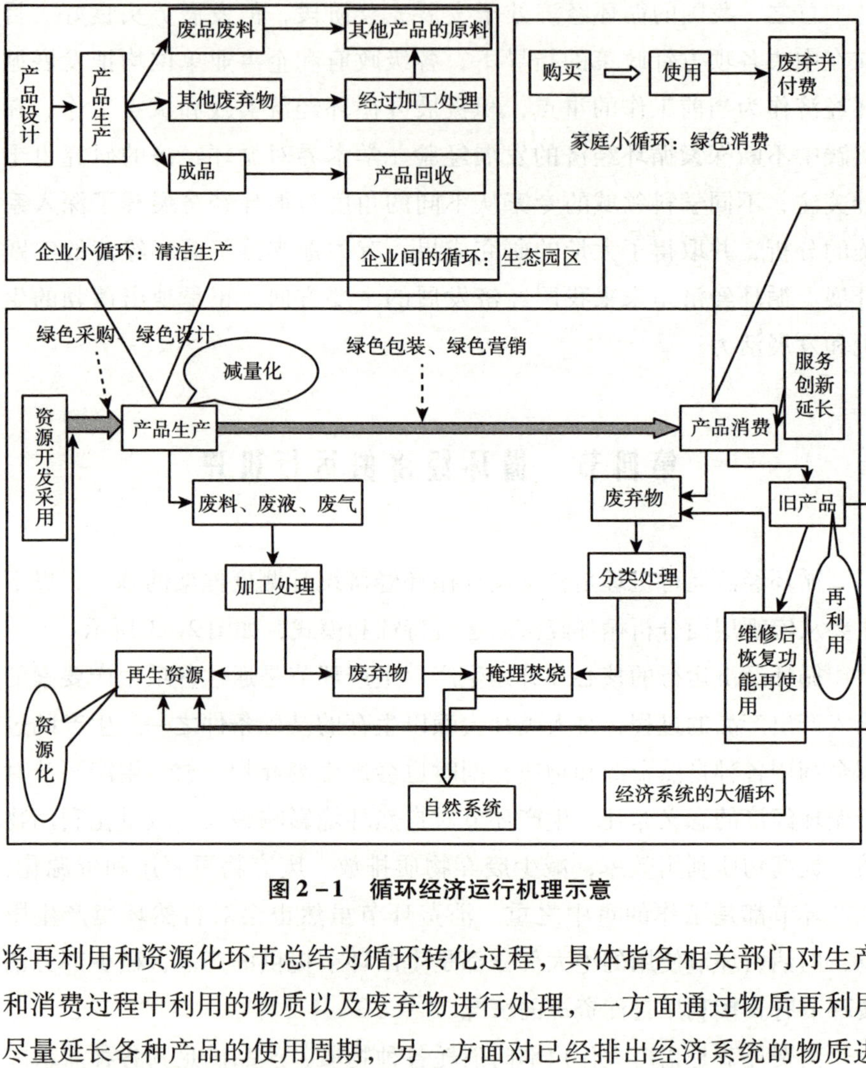

图 2－1　循环经济运行机理示意

将再利用和资源化环节总结为循环转化过程，具体指各相关部门对生产和消费过程中利用的物质以及废弃物进行处理，一方面通过物质再利用尽量延长各种产品的使用周期，另一方面对已经排出经济系统的物质进行回收和再利用，降低最终排放至自然环境的废弃物，接着将再利用的物质重新投入经济系统。通过这些循环转化环节，达到缓解经济增长和资源环境矛盾的目的，实现可持续发展。总体来看，循环转化环节是循环经济的显著要点，使之明显区别于传统经济。

第三章　基于 PIOT 的循环经济统计测度框架设计

第一节　现有循环经济统计测度的基本思路

如前所述，目前学界关于循环经济统计测度的研究可主要概括为三种基本思路：第一种思路是以“绿色 GDP”作为循环经济运行情况的有效测度；第二种思路是直接在现有若干资源环境指标的基础上，建立循环经济发展评价体系；第三种思路是从物质变换的角度构建统计测度逻辑框架。三种思路的分析视角不同，从不同的侧重点对经济系统对生态环境系统造成的影响进行定量测度，但是哪一种思路最为科学可行，关键在于其是否能够深刻反映循环经济的特点和运行特征。

一、绿色 GDP 测度模式

近年来，可持续发展的理念在全世界不同经济水平和不同文化背景的国家得到了普遍的认同，并正在付诸实践，绿色 GDP 核算也应运而生。

GDP 是国民经济核算体系（SNA）的核心指标，用于反映一个国家或地区的经济发展水平，是制定宏观经济政策的重要依据。但随着经济社会的发展，很多学者专家意识到单纯用 GDP 指标来测度一个国家或地区的经济增长情况存在明显的缺陷，GDP 的核算是以市场交易为基础的，而传统经济理论认为很多自然资源是没有经过劳动参与或市场交易的，常被视为“免费产品”，因此自然资源被排斥在国民经济核算体系之外。另外一些能够给人类带来良好生存环境的各种环境资源的价值，也没有反映在国民经济核算体系中。而经济发展导致的环境影响和破坏，对人们的生产和生活带来了很多直接和间接的负向作用，但由于这些损失难以用市场价格予以衡量，也未在国民经济核算体系中反映。国民经济核算体系也没有能够反映自然资源的耗减与折旧情况，关于环境保护费用支出的处理也存在问题。因此改进国民经济核算体系（SNA），克服以 GDP 为核心指标的宏观经济测度体系的缺陷被提上日程。

联合国、国际研究结构、各国政府和学者们从 20 世纪 70 年代开始关注绿色 GDP 核算的问题。绿色 GDP 从可持续发展的视角，在测算生产最终成果时不仅考虑经济投入要素，还将自然资源及环境的成本投入视为同等重要，目的是更加客观地反映经济社会的生产成果。但基于不同的理论，关于绿色 GDP 指标的界定也有差异。基于可持续发展理论的绿色 GDP 定义为在不减少现有资产水平的前提下，一国或地区在一定时期里生产的最终产品价值，这里的现有资产包括自然资产。基于福利经济学的绿色 GDP 则认为应该在 GDP 中把不利于社会福利增加的所有外部不经济因素全部扣除，包括资源损耗和环境污染损失。在联合国环境与经济综合核算体系（SEEA）的界定中，绿色 GDP 是在 GDP 的基础上扣减自然资源耗减价值和环境污染损失的价值。以上各种核算思路虽然简单，但具体的操作过程却非常复杂，有很多难点需要攻克。最主要的问题是 GDP 以市场交易为前提，是一个价值量指标，而自然资源的耗减和环境污染损失往往很难进行计价。进入市场交易的自然资源比较容易测算，但不能交易的自然资源如何估价争议很大。环境污染造成的直接损失和间接损失估价更为困难，估价的主体也难以确定。另外，绿色 GDP 核算需要庞大的微观数据支撑，需要微观会计核算将资源、环境等方面纳入核算对象，而可操作性的绿色会计准则还未建立。绿色 GDP

的核算期也很难确定，因为很多污染引起的损失可能持续很多年。

虽然面临很多难点，绿色GDP核算一直是国际机构、各国政府关心的主要问题，目前一些有影响力的成果主要是一些研究机构和政府部门主导形成的。也有大量专家学者在资源环境统计、可持续发展核算、绿色GDP核算理论与方法、绿色投入产出及环境经济综合核算等研究领域展开深入的研究。

总的来看，我国绿色GDP核算研究的主要特点是：紧密跟踪国际相关研究的最新进展，结合我国实际取得了大量的研究成果；研究机构与政府部门联系紧密，很多有影响的研究成果都是由政府部门主导形成的；研究成果差异性较大，特别是在资源环境核算方面，还没有形成被普遍接受的、说服力很强的估价方法。政府部门对于绿色GDP的开展意见也并不统一，还存在一些分歧，研究成果向实践转化还需要很长的时间。

目前大多数学者希望以“绿色GDP”作为循环经济运行情况的有效测度，通过绿色GDP核算实现对循环经济的有效监测和评价，如王宪恩等（2005）、吴大华（2008）、高慧荣（2009）、贾淑琴（2011）等。相当数量的循环经济研究文献都在政策建议部分，提到应该将绿色GDP指标提上日程，对循环经济展开科学的测度和评价。但关于二者的对应关系和测度的合理性和可操作性，缺乏必要的研究和讨论。

二、现有的循环经济评价指标体系

循环经济的第二种测度模式是通过筛选一系列经济社会及资源环境方面的指标构建循环经济评价指标体系，通过指标体系来量化测评循环经济的发展水平。循环经济的发展涵盖了自然、社会与环境的和谐、可持续发展，所以循环经济评价指标体系一般包括经济指标、资源环境指标、社会指标等。其中，经济社会指标设置的初衷是经济增长、社会稳定同时也是循环经济发展的要义所在，只有人们的物质文明、精神文明水平同时提高，才能将发展循环经济落到实处，这也是循环经济发展的最终目标之一。资源环境指标是指发展循环经济除了应有明显的经济效益外，还应重视环境效益，其目标就应涵盖使资源利用节约化、废物排放量最少化，这和环境保护的指向是保持一致的。依据大量现有文献中提出的较有代表性的循环经济评价指标体系，可以按照不同方向大体将其分为四类。

1. 城市、农村循环经济评价指标体系。城市循环经济评价指标体系是以城市循环经济为评价对象，依据科学性、系统性、动态性、可比性、可操作性、地域性等原则和思路，使得指标体系系统全面、简要明了地反映城市循环经济的建设现状和发展潜力。农村循环经济则是将评价目标转向农村，评价体系往往依据农村循环经济发展的特点，构造“经济—资源—社会—环境”的复杂评价体系。主要有代表性的成果有：陈德华、周敏倩（2007）从四个方面构建城市循环经济评价指标体系，四个方面分别是：“3R”原则、社会经济绿色发展、生态环境和支持循环经济发展力度。并运用层次分析法对南京市 1998 ~2004 年循环经济的发展水平进行了实证研究。张晖、郭宝华等（2010）构建了城市循环经济发展综合评价体系，该体系涵盖了资源利用状况、环境保护状况、经济社会状况 3 个准则层，资源效率、资源回收、环境治理、生态建设、经济水平、科技水平等 8 个领域层及 30 个具体指标层。陈文晖（2016）从经济发展、居住环境、结构特征、资源利用和社会发展五个方面入手，构建了包括 11 个状态层的城市循环经济评价指标体系。周振国、黄鹍（2016）在城市循环经济综合评价方法研究中提出了基于自然状况、社会状况、经济状况、循环特征和外部状况等准则层的城市循环经济评价指标体系。

关于农村循环经济发展评价指标体系，刘薇、张兆同（2011）基于农村资源、农村环境、农村经济、农村社会 4 个准则层构建了农村循环经济评价指标体系，并采用层次分析法确定权重进行实例研究。张建（2009）构建了贵州农村循环经济评价指标体系，该体系一级系统涵盖经济系统、生态系统、社会系统，二级系统涵盖经济发展、资源利用与消耗、农业投资、生产环境、生活环境、社会发展、社会稳定、社会公平等，并运用线性加权函数法进行实例研究。段发明等（2016）基于熵值法和DEA方法对我国1993～2011年的农业循环经济发展水平进行了评价。

2. 区域循环经济评价指标体系。在循环经济的发展实践中，各地区针对自身特点，提出了具有鲜明区域特点的循环经济评价指标体系，如俞金香（2016）构建了生态效率类、物质流状况类及人类发展类三大类指标为基础的区域循环经济发展评价指标体系，以兰州市数据为例进行了实证研究。马宁、鞠美婷、楚春礼（2010）提出了区域循环经济评价指标体系，该体系涵盖了社会经济指标、总量指标、强度效率指标、循环指标4个一级指标，每个一级指标又分别包含了3个具体指标，并运用物质流分析方法进行了实证研究。沈鸿、赵永乐、张晨雨（2010）基于经济发展水平、资源节约水平、科技教育水平、环境保护水平、社会稳定水平五个方面构建了西部地区循环经济评价指标体系。付晓灵（2010）基于层次分析法从经济发展、资源消耗、资源循环利用、生态环境发展、社会发展、科教发展六个准则层指标构建了湖北省循环经济评价指标体系。

3. 宏观层面、工业园区层面上的循环经济评价指标体系。国家发展改革委、环保总局、国家统计局在2007年从宏观和工业园区两个层面提出了指导性的循环经济发展评价指标体系，是各地区制定循环经济定量评价体系的重要依据。刘滨、王苏亮等（2005）从物质流分析方法出发提出包括资源利用、资源循环再利用和废弃物排放三个方面的循环经济评价指标体系。

万伦来等（2005）从资源消耗、产品回收利用、资源再开发和环保四个层面构建了循环经济的“循环度”评价体系。赵波、严立冬（2007）从经济与社会发展指标、资源减量投入指标、资源循环利用指标、生态环境质量指标四个方面构造循环经济统计评价指标体系。

陈晓丹、车秀珍、谢林伸、沈一青（2012）构建了建设项目环评循环经济评价指标体系，该体系充分考虑了社会经济发展、资源能源效率、生态环境效率、循环特征四个要素，涵盖了污染物排放控制指标、资源循环利用指标、禁止使用有毒有害原材料三个准则。

在工业园区循环经济统计评价方面，荆鹏飞、张树深、傅尧（2010）基于经济发展指标、资源能源效率、循环特征、生态环境效益、管理及产业系统5个系统层，10个状态层，20个变量层提出了循环经济生态园区评价指标体系，并结合层次分析法和德尔菲法对庄河园区进行了实例评价。刘宇辉（2009）构建的生态工业园区循环经济评价指标体系涵盖了4个准则层（经济效益、生态效益、循环特征、管理能力），8个状态层（发展水平、发展潜力、环境控制、生态建设、循环利用、产业特征、政策制度、管理程度）及多个基本层。张泽峰（2011）构建的重化工业园区循环经济评价指标体系涵盖了经济实力指数（发展水平、经济产出、经济效益）、循环利用指数（循环链接、投入规模、资源再用）、节能减排指数（资源产出、资源消耗、废物排放）、生态修复指数（无害控制、生态修复）四个方面。熊昊钰（2016）提出了重化工园区循环经济指标体系，并进行了实证分析。

4. 具体产业层面或行业层面的循环经济评价指标体系。具体产业层面或行业层面开展的循环经济发展评价涉及工业、农业、旅游业、钢铁行业、制造业、林业等。

于会录（2016）以生态效率为评价指标，通过构建工业循环经济发展绩效度量模型，研究2005～2013年石嘴山工业循环经济的发展水平。

王俊岭等（2016）构建了循环经济质量的评价指标体系，采用三角数FAHP的方法确定评价指标权重，对我国钢铁行业循环经济质量进行了评价。

赵波、李根荣（2012）从资源减量投入、经济与社会发展、资源循环利用、生态环境质量四个层面构建了农业循环经济发展评价指标体系。

徐寅杰（2010）从林业资源消耗、林业产业废物排放和林业资源综合利用三个方面着手构建林业产业循环经济评价指标体系，并运用功效系数法进行实例评价。

舒小林、明庆忠（2009）从经济、社会、管理、资源和环境系统的再循环、再利用、资源化四个方面构建了旅游循环经济评价指标体系，并运用线性加权和法进行实例论证。赵多平、陶红（2011）基于层次分析法和德尔菲专家问询法提出了典型旅游景区循环经济评价指标体系，该体系以经济、环境、社会为一级指标，涵盖了33个要素指标，并对沙湖和沙坡头景区进行了实证分析。

刘琳琳、杨力（2013）提出了煤炭企业循环经济评价指标体系，该体系包含了4个准则层（资源产出、资源消耗、资源综合利用、废弃物排放）、22个具体指标层，并用模糊综合评价法构建数学模型进行了实例分析。

刘笑萍、谢家平（2010）从经济运行、资源减量与循环、环境保护、发展潜力四个方面，构建了房地产业循环经济评价指标体系。

鲁静（2010）构建了火电厂循环经济评价指标体系，该体系包含能源消耗水平、资源消耗水平、废弃物综合利用水平、污染控制水平、生态关联水平等5个准则层及16个指标层，并用基于专家打分法的层次分析法进行了实证研究。

从循环经济评价指标体系的构建及评价的相关研究成果来看，研究中的不足之处有：一是评价指标体系往往是现有各种资源环境指标的简单组合，不能切实全面说明循环经济发展的各个方面，系统性不强；二是部分评价指标体系设计模糊，可操作性不强，指标的界定不够清楚；三是部分研究成果中，指标体系的指标个数太多，信息存在大量重复，数据采集困难，实用性受到限制。

三、物质流分析测度模式

（一）物质流分析概述

物质流分析（Material Flow Analysis，MFA）以社会代谢论为理论基础，最早起源于 Ayres 和 Kneese 1968 年关于国家尺度物质流分析的文章。物质流分析通过系统分析社会经济系统与生态环境之间的物质流动，利用物质投入、物质排放和经济系统物质存量指标来刻画经济系统的物质代谢情况。客观反映经济系统的物质流动规模，追踪物质在经济系统内部的流动路径，从自然界开采进入经济系统边界，而后在经济系统内利用和循环，最终脱离经济系统回到自然环境的整个过程。物质流分析是资源环境统计领域的有效工具之一，既能反映经济活动对自然界物质的利用，又能体现经济系统对自然环境的压力。

Ayres、G. Wernick 和 Aushel 等学者在物质平衡原理、国家层面物质流分析方面做出了卓越的贡献，为物质流分析投入实践应用打下了坚实的基础。在理论研究日趋成熟的前提下，奥地利、日本和德国率先提出了本国的物质流分析报告，此后，物质流分析方法为很多国家接受，美国、澳大利亚、加拿大、芬兰、意大利、英国、丹麦等国家都对本国的物质流情况进行过系统的定量分析，通过物质流分析认识经济过程对于资源环境的影响程度，物质流分析的使用成为可持续发展定量分析的有用工具之一。

从国内研究来看，陈效逑（2000）、刘敬智和王青（2004）、李刚（2005）、徐明和张天柱（2005）、王亚菲（2010）等学者对物质流分析在我国的应用进行了积极的探索，他们纷纷对我国物质需求总量、排放总量等进行估算，分析了我国物质流动的基本规律和特征，提出了提高物质利用效率和技术水平等建议。

对于利用物质流分析方法测度循环经济的发展水平，赵玉川（2006）、朱滔等（2008）、高昂等（2010）均认为循环经济离不开科学的测度和评价，物质流分析不失为一种理想的研究方法，遗憾的是虽然这些学者持有此种观点，但未将观点付诸实施做进一步探讨，也没有针对循环经济的本质和运行特征探究物质流分析方法的相应改进。

综合来看，越来越多的专家学者认识到物质流分析的重要性，但相关分析还有待进一步深化。目前的研究成果多是在物质流分析的既定框架下展开实证分析，研究对象往往是数据较容易获得的国家和省级层面，宏观层面的分析框架比较规范，但区域层面的方法体系还有待完善，企业和产业部门层面的物质流分析成果较少，且偏重特定物质，其他物质生产部门关注较少，应用范围不够广泛。另外，研究大多侧重于实证分析，理论分析相对薄弱。对于物质流分析既定框架在中国具体的国情下应如何修订，模型是否应依据实际情况进行调整，少有人展开分析。

（二）物质投入产出分析（PIOT）概述

1. 投入产出分析概述。投入产出分析的创始人是美国著名经济学家瓦西里·列昂惕夫（Wassily W. Leontief），投入产出分析给出了一种精巧的平衡表设计，通过简要的平衡表设计，可以反映整个国民经济的经济结构，有利于我们探索其背后的数量特征和规律。正如列昂惕夫在《投入与产出经济学》中所述——一个有关整个经济的比率表，可以使我们尽量详细地从数量方面了解整个经济体系的内部结构。这样就有可能详细地预测受理论问题或眼前实际问题的启发而改革经济体系所产生的后果。

投入产出分析表提出以后，在世界范围得到了广泛使用。到 20 世纪 90 年代，世界上绝大多数国家都编制了本国的投入产出表。投入产出分析技术成为被广泛应用的经济数量分析方法，是宏观经济决策和管理不可或缺的有效分析工具。国民经济账户体系 SNA 中，也将投入产出分析作为其核心内容。

除了应用于宏观领域，投入产出分析在区域经济研究领域、企业生产经营管理中的运用也非常广泛。区域经济系统的投入产出分析有助于厘清地区经济发展中的各类结构和各种关系，利于经济调控，还可以通过建立地区间的投入产出分析模型，考察地区之间的经济往来和经济联系。企业层面的投入产出分析有助于全面反映企业生产过程中的各项基本流量。另外，近年来推出的投入产出动态模型、投入产出优化模型、绿色投入产出等分析技术在实践中也得到了一定程度的关注。

我国是投入产出表研究和编制处于较高水平的国家之一，我国学者在20世纪60年代就开始进行投入产出技术的研究工作。国家、地区投入产出表的编制都非常成熟，部门表和企业表是我国投入产出分析的特色之一。我国较早的部门表是化工系统于1976年编制的16×16种产品的实物表，之后编制部门表的有船舶制造、有色金属、机械、能源、纺织、军工、农业等部门。至于企业表，鞍钢在完成了1964年以金属物料平衡为主线的投入产出表后，还编制了1977～1981年的实物表和部分年份的价值表。此后，还有很多企业开展了投入产出分析并取得了较好的效果，如天津自行车厂、北京第一棉织厂等。[①] 总体来看，我国部门和企业的投入产出分析模型应用一直都非常活跃，有很多应用范例，这在其他国家是很少见的。

我国在投入产出分析领域一直走在世界前列，我国学者在投入产出分析理论和方法研究中取得了很多开创性成果，如在投入产出技术非线性化、动态化研究方面，为国际投入产出分析研究作出了很多贡献。

2. 资源经济领域中投入产出工具的应用。投入产出分析目前被广泛应用在资源环境领域的研究中，投入产出分析给出了将资源环境因素纳入现有经济分析框架的路径。

经济系统与自然系统间的物质流动可以归纳为以下四类：自然系统的物质作为生产和生活的原料进入到经济系统当中；经济系统的废弃物需要自然系统来吸纳；人类为恢复资源的数量和质量而所进行的各项经济活动；人类为消除污染进行的经济活动。这四类物质流动根据投入产出分析的原理又可归并为两组情况。一是以自然系统为中心，经济系统的各项活动都视为对自然界的影响，如经济系统向自然系统排放废弃物以及所进行的资源恢复活动和污染治理活动。二是以经济系统为中心，反映自然系统对经济活动的影响，主要是各项资源投入。

---

① 刘启运等．投入产出分析［M］．北京：中国人民大学出版社，2006：8－10．

目前常用的资源环境投入产出表主要有两种表式，第一种表式是将资源投入、污染物排放直接放在投入产出表的下方，反映经济活动对自然系统的影响。第二种表式是对传统投入产出表的部门分类进行调整，区分一般部门和资源部门以及污染相关部门。[①] 这里资源部门即资源的生产与供应部门，定义为以自然界某种或者某类资源为生产活动主要对象的部门，在我国投入产出表的部门分类中，煤炭采选业、石油和天然气开采业、金属矿采选业、非金属矿采选业、自来水的生产和供应业等都属于资源部门。资源部门的主要特征是生产对象是从自然界直接获取的物质，而不是经过加工的产品。污染消除部门是所有污染消除活动的统称，是一个虚拟的部门，实际操作中，当一个企业的主要或次要生产活动为污染消除活动时，都放在污染消除部门予以反映。相比而言，从目前投入产出表的部门分类中剥离资源部门相对容易，而识别污染消除部门就困难很多，实际上，一般经济活动中往往也包含着污染消除活动，还可能存在内部污染消除活动，即污染消除活动仅仅是企业的辅助生产活动。

在以上界定的基础上，资源环境投入产出表的两种主要表式列举如表 3－1 所示。

表 3－1　　　　资源环境投入产出表的基本表式 1

<table>
<tr><td colspan="2" rowspan="2"></td><td>中间产品</td><td rowspan="2">最终需求</td><td rowspan="2">总产品</td></tr>
<tr><td>1，2，…，n</td></tr>
<tr><td>中间产品</td><td>1，2，…，n</td><td>中间产品流量</td><td>最终产品</td><td>总产品</td></tr>
<tr><td colspan="2">最初投入</td><td>最初投入</td><td colspan="2" rowspan="2"></td></tr>
<tr><td colspan="2">总产出</td><td>总产出</td></tr>
</table>

① 高敏雪等. 资源环境统计［M］. 北京：中国统计出版社，2004.

续表

<table>
<tr><td colspan="2" rowspan="2"></td><td>中间产品</td><td rowspan="2">最终需求</td><td rowspan="2">总产品</td></tr>
<tr><td>1，2，…，n</td></tr>
<tr><td>资源投入</td><td>1，2，…，m</td><td>各部门各类资源投入量</td><td>最终需求领域的各类资源投入量</td><td>资源投入总量</td></tr>
<tr><td>污染物排放</td><td>1，2，…，k</td><td>各部门各类污染物排放量</td><td>最终需求领域的各类污染物排放量</td><td>污染物排放总量</td></tr>
</table>

在表3-1中，上半部分为传统的投入产出表，下半部分的资源投入模块，显示了各部门在生产过程中所消耗的资源数量，所有资源投入量都用实物单位计量，可以依据资源投入部分构造资源供应与使用平衡方程。污染物排放模块反映了各部门在生产过程中各类污染物的排放情况。

在表3-2中，投入产出表的部门分类有了较大的改变，将生产部门划分为一般部门、资源部门和污染消除部门。将资源部门、污染消除部门的各种价值流量都用实物流量代替，此时的投入产出模型实质上是混合模型的形式。

表3-2　　资源环境投入产出表的基本表式2

<table>
<tr><td colspan="2" rowspan="2"></td><td>一般部门</td><td>资源部门</td><td>污染消除部门</td><td rowspan="2">最终需求</td><td rowspan="2">总产品</td></tr>
<tr><td>1，2，…，k</td><td>k+1，k+2，…，k+m</td><td>k+m+1，k+m+2，…，k+m+1</td></tr>
<tr><td>一般部门</td><td>1，2，…，k</td><td>一般部门之间的中间产品流量</td><td>资源部门中间投入</td><td>污染消除部门中间投入</td><td>最终产品</td><td>总产品</td></tr>
</table>

续表

		一般部门	资源部门	污染消除部门	最终需求	总产品
		1，2，…，k	k+1，k+2，…，k+m	k+m+1，k+m+2，…，k+m+1		
资源部门	k+1，k+2，…，k+m	一般部门资源投入量	资源部门资源投入量	污染消除部门资源投入量	最终需求领域的各类资源投入量	资源投入总量

表3－1和表3－2的主要区别在于：表3－1通过对一般投入产出表的延伸将资源环境因素引入经济系统中，而表3－2则在表内实现了资源环境因素的引入。总体来看，在投入产出表的基础上构建资源环境投入产出表，需要补充大量的新数据，从编表难度上看，表3－1的编制所需数据相对容易获得，而表3－2由于需要改变原有的部门分类，因此实现难度大于前者。另外，由于表3－1只需要分部门的资源投入和污染排放数据，因此在资源类别的区分上可以做得非常细致，但表3－2不仅需要分部门的资源投入和污染排放数据，还需掌握生产该类资源的投入结构，因此资源的分类无法做到非常细致。对于投入产出相关模型分析而言，表3－1更方便利用计量方法，但表3－2在理论上更加完备，实际操作相对困难。

3. 物质投入产出分析表概述。物质流分析的主要弊端在于其只能对经济系统的输入、输出以及物质存量进行测算和分析，物质在经济系统内的流动成为了测度的“黑箱”，而经济系统内部的物质流动正是循环经济关注的核心问题，物质的利用效率、循环效率成为循环经济分析的核心指标。因此物质在经济系统内的流动特征是物质流分析忽略的部分，而物质投入产出分析能够将经济系统内部的物质流动清晰地展示出来，是物质流分析的必要补充。

（1）国内外研究进展。总的来看，国际上关于物质投入产出分析的相关研究开展的时间较短，理论研究和实践操作都处于不够成熟的阶段，关于物质投入产出表的编制还没有形成规范的框架或国际规范。

目前为止，实践中只有德国、丹麦、奥地利、芬兰、意大利、日本等国家进行过物质投入产出表的编制，其编表格式与价值型投入产出表类似，虽然形式相似，但投入产出表中象限的具体分类和内容并不相同，采用的单位一般是物质的质量单位吨。

德国是编制物质投入产出表最早的国家，先后发布了 1990 年和 1995 年物质投入产出表，1990 年物质投入产出表包含 58 个部门，1995 年物质投入产出表包含 60 个部门。德国还以物质投入产出表为基础，建设了物质和能源流动信息系统 MEFIS（Material and Energy Flow Information System），为社会提供资源消耗以及污染排放方面丰富的数据资料。

1990 年，芬兰针对水泥、钢材、造纸等物质分别编制了物质投入产出表，随后“生态效率的芬兰”项目对 1970 ~ 1997 年芬兰的物质投入进行了系统的测算，并完成了 1995 年芬兰的物质投入产出表，该表涉及 32 个部门、190 个行业、1300 种产品和 1200 种物质型货物。

丹麦也是编制物质投入产出表较早的国家之一，其编制的 1990 年三维物质投入产出表包括 27 个部门，还开创性地在投入产出表中加入了有关废弃物循环利用的信息，但相关信息还并不完备。

奥地利和意大利的学者都分别编制过本国的 4 部门以及 5 部门的物质投入产出表，但由于部门分类过粗，导致分析意义不够明显，降低了物质投入产出表的利用价值。日本的学者森口谘一较早对三维物质投入产出表进行了研究，但未能投入实践编制当中。

我国对物质投入产出分析的研究开展较晚，徐一剑等（2006，2007）率先使用物质投入产出表对义马市展开了区域物质投入产出分析。李健等（2007）构建了基于物质投入产出分析框架的产业链物质流分析模型。单永娟（2007）将物质流分析与物质投入产出表结合，提出了区域经济系统物质投入产出表的设计思路。

总体来看，物质流分析对经济系统的物质流动展开定量分析，但其将

经济系统视为“黑箱”的弊端需要依靠物质投入产出分析的工具来加以克服。物质投入产出分析能够详细、系统地分析经济系统内部的物质流动状况，将进一步拓宽物质流分析的利用范围。但物质投入产出分析有关的研究还未形成体系，没有形成如物质流账户一样完整的分析核算框架。

（2）物质投入产出分析的表式设计。物质投入产出表的表式设计类同于实物型投入产出表，不同之处在于基于物质流核算的分析目标进行了相应地改进。以下介绍二维以及三维物质投入产出表的基本形式，以单永娟（2009）和徐一剑（2006）相关研究中提出的二维投入产出表和三维投入产出表为例进行介绍。

二维物质投入产出表（见表 3－3）。二维物质投入产出表的编制思路与传统投入产出分析表类似，是基于国民经济各产业间的联系，反映经济系统内部各部门和产业之间的物质流动关系，在物质投入产出表的基础上方便进行产业间的物质流动核算以及相关分析。

表 3－3　二维物质投入产出表示例

<table>
<tr><th colspan="2" rowspan="2">投入 \ 消耗</th><th rowspan="2">第一产业</th><th rowspan="2">第二产业</th><th rowspan="2">第三产业</th><th rowspan="2">按产业分</th><th colspan="3">直接物质输出</th><th colspan="3">空气输出</th><th rowspan="2">区域内隐流</th><th rowspan="2">出口物质</th><th rowspan="2">物质输出总量</th></tr>
<tr><th>固体废物</th><th>烟尘粉尘</th><th>废水</th><th>二氧化硫</th><th>二氧化碳</th><th>氧气</th></tr>
<tr><td>第一产业</td><td>农林</td><td></td><td></td><td></td><td>第一产业</td><td></td><td></td><td></td><td></td><td></td><td></td><td></td><td></td><td></td></tr>
<tr><td rowspan="2">第二产业</td><td>能源矿物</td><td></td><td></td><td></td><td>第二产业</td><td></td><td></td><td></td><td></td><td></td><td></td><td></td><td></td><td></td></tr>
<tr><td>水</td><td></td><td></td><td></td><td>第三产业</td><td></td><td></td><td></td><td></td><td></td><td></td><td></td><td></td><td></td></tr>
<tr><td rowspan="2">循环物质</td><td>固体物质</td><td></td><td></td><td></td><td rowspan="3">合计</td><td rowspan="3"></td><td rowspan="3"></td><td rowspan="3"></td><td rowspan="3"></td><td rowspan="3"></td><td rowspan="3"></td><td rowspan="3"></td><td rowspan="3"></td><td rowspan="3"></td></tr>
<tr><td>水</td><td></td><td></td><td></td></tr>
<tr><td>贮存物质</td><td>不含循环物质</td><td></td><td></td><td></td></tr>
</table>

续表

<table>
<tr><td colspan="2" rowspan="2">投入 \ 消耗</td><td rowspan="2">第一产业</td><td rowspan="2">第二产业</td><td rowspan="2">第三产业</td><td rowspan="2">按产业分</td><td colspan="3">直接物质输出</td><td colspan="3">空气输出</td><td rowspan="2">区域内隐流</td><td rowspan="2">出口物质</td><td rowspan="2">物质输出总量</td></tr>
<tr><td>固体废物</td><td>烟尘粉尘</td><td>废水</td><td>二氧化硫</td><td>二氧化碳</td><td>氧气</td></tr>
<tr><td rowspan="2">进口</td><td>物质</td><td></td><td></td><td></td><td colspan="10" rowspan="7"></td></tr>
<tr><td>隐流</td><td></td><td></td><td></td></tr>
<tr><td rowspan="2">空气输入</td><td>氧气</td><td></td><td></td><td></td></tr>
<tr><td>二氧化碳</td><td></td><td></td><td></td></tr>
<tr><td>直接物质投入</td><td>不含水循环物质</td><td></td><td></td><td></td></tr>
<tr><td>物质需求总量</td><td></td><td></td><td></td><td></td></tr>
</table>

资料来源：单永娟．经济系统物质流投入产出表的编制研究［J］．边疆经济与文化，2007(6)．

以上二维投入产出表和一般投入产出表的格式相似，也可区分为四个象限。部门划分依照三次产业分类，这样划分的好处在于数据相对容易获取，也有助于分析经济系统内部部门间的物质流动特征。

以上二维投入产出表的第一象限，反映了经济系统内部三次产业相互消耗物质的情况，是投入产出表的核心部分。从横向来看，第一产业和第二产业是直接物质消耗的提供者，除了自用、外售给其他产业作为中间投入的物质外，行向上还表明了各产业物质的产出和使用去向。这里第三产业并不能提供其他产业需要的物质消耗，而第三行设置的循环物质，旨在反映三次产业利用资源化的废弃物的状况。第二产业区分为采矿业和水的供应业，将水单独列出来的原因主要是因为水的物质流很大，容易导致其他物质流动被掩盖，从而冲淡物质流指标的分析功能。二维物质投入产出表的第二象限反映了三次产业对于直接物质（具体包括固体废物、烟尘粉尘、废水）、空气、区域内隐流、出口等物质输出情况。

从列向上来看，表明各产业消耗本产业以及其他产业产品以及利用循环物质的情况。第三象限反映各产业的物质投入的总量情况，主要的物质投入区分为贮藏物质、空气、进口和第一象限反映出来的直接物质投入合计。

以上是对二维投入产出表的一个示例，从中可以看出，二维投入产出表主要在于要精心设计行向及列向标题，要能够把产业之间的物质投入消耗关系详尽地表达出来，且没有重复和遗漏。这当中关于各项指标的界定非常重要，界定不清楚，在实际当中就可能产生模糊不清的状态，投入产出表的平衡关系也很难维持。

三维物质投入产出表（见表3－4）。三维物质投入产出表的设立是为了更加详尽地刻画经济系统内的物质流动情况，它由一系列二维物质投入产出表构成，具体包括一张总表，若干张分表以及 2 张附表。实质上，若干张分表分别展现了“行业×行业”“行业×物质”间的复杂联系。“行业×行业”表体现某类物质在经济系统不同行业间的投入产出情况，而“行业×物质”表有两类，一类可用以反映行业对物质的投入情况，另一类用以反映行业对物质的产出情况，三维投入产出表的研究重点还是在“行业×行业”表。

表3－4　　三维物质投入产出表总表和分表格式示例

投入	产出								
	部门1	…	部门n	最终使用					总产出
				产品调出	存量变化	废弃物i	…	废弃物t	
部门1	$Z_{1,1,k}$	…	$Z_{1,m,k}$	$e_{1,k}$	$s_{1,k}$	$W_{1,1,k}$	…	$W_{1,t,k}$	$X_{1,k}$
⋮	⋮	⋮	⋮	⋮	⋮	⋮	⋮	⋮	⋮
部门n	$Z_{n,1,k}$	…	$Z_{n,m,k}$	$e_{n,k}$	$s_{n,k}$	$W_{a,1,k}$		$W_{a,t,k}$	$X_{a,k}$
竞争性调入	$G_{1,1,k}$	…	$G_{1,n,k}$				…		
	⋮	⋮	⋮						
	$G_{n,1,k}$	…	$G_{a,n,k}$						

续表

投入	产出								
				最终使用					总产出
	部门 1	…	部门 n	产品调出	存量变化	废弃物 i	…	废弃物 t	
非竞争性调入	$f_{1,k}$	…	$f_{a,k}$						
本地采掘	$d_{1,k}$	…	$d_{a,k}$						
总投入	$x_{1,k}$	…	$x_{a,k}$						
平衡项	$b_{1,k}$	…	$b_{a,k}$						
隐流	$h_{1,k}$	…	$h_{a,k}$						
增加值	v_1	…	v_a						

资料来源：徐一剑，张天柱．基于三维物质投入产出表的区域物质流分析模型［J］．清华大学学报，2007（3）．

在实践应用中，三维物质投入产出表的总表用以描述总量，总量是所有以质量单位计量的物质的加总；而每张分表具体针对某一种特定类型的物质，弥补总表将各种物质相加可能造成的物质特性缺失。具体涉及的物质主要有：生物物质、化石燃料、金属、工业非金属、建筑非金属、成品半成品和废弃物等。基于每张分表，可具体展开各项相关分析。附表主要是针对非质量单位和水设计，用以记录非质量单位如电、热等必须用能量单位计量的物质的流动状况以及常被物质流分析排除在外的水的物质流动情况。（由于水的物质流量很大，因此可能会削弱物质总量的分析功能，因此往往在分析框架中剔除）

总表和分表的结构相同（见表 3－4），总表反映物质总量，分表描述特定物质流量，是对总表的细化。

当以上表格为总表时，k＝0，为分表时，k＝1，…，m 。如表 3－4 所示，第一象限反映了物质在不同部门间的中间投入与使用情况，这里的部门分类可考虑各分析区域的特点自行确定。第二象限用以刻画物质的最终使用，即物质的使用去向。物质的使用去向主要可以概括为三种可能的结果——产品调出、物质存量变化和形成废弃物。其中的物质存

量变化可细分为建筑物、交通基础设施、机器设备、耐用消费品和库存 5 类存量变化。废弃物可细分为废水、废气、固体废弃物和耗散性物质 4 类。第三象限反映了物质的一次投入情况，一次投入可区分为本地采掘和外地调入两部分。这里竞争性调入是虽然本地区可以生产，但仍需要从外地调入以作补充的产品。非竞争性调入是指本地区不生产，完全依靠外地调入的产品。其余的平衡项、隐藏流和增加值是和物质流分析密切相关的一些附加信息。

三维投入产出表的附表结构比较简单，如表 3-5 所示。

表 3-5　　三维物质投入产出表附表格式示例

投入	产出					
	部门 1	…	部门 n	最终使用		总产出
				产品调出	存量变化	
部门 1	$Z_{1,1,k}$	…	$Z_{1,n,k}$	$e_{1,k}$	$s_{1,k}$	$X_{1,k}$
⋮	⋮	⋮	⋮	⋮	⋮	⋮
部门 n	$Z_{n,1,k}$	…	$Z_{n,n,k}$	$e_{n,k}$	$s_{n,k}$	$X_{n,k}$

资料来源：徐一剑，张天柱．基于三维物质投入产出表的区域物质流分析模型［J］．清华大学学报，2007（3）．

表 3-5 没有第三和第四象限，第二象限中也不含废弃物部分。

基于表 3-1～表 3-5 的表式设计以及表内和表间的平衡关系，我们构造各项相关指标如物质消耗强度、直接消耗系数、污染排放系数、资源利用率、循环利用率等对经济系统内部的物质流动展开分析，识别经济系统的物质流动特征，由此展开调控和政策分析评价。

总的来看，物质投入产出表的编制并不容易，虽然只有几张表，但要在概念上使系统边界明确，清晰定义各种部门、物质以及指标，避免漏算以及重复核算，需要丰富的专业知识和实践经验。

经济系统中的物质流动错综复杂，循环经济统计测度希望能够从纵横交叉的物质流动关系中找到其中最能说明问题实质的基本联系。以上介绍了循环经济的三种测度模式和思路，究竟选择何种测度模式完成循

环经济统计测度，应该将循环经济统计测度要达到的根本目的作为选择的核心依据。

第二节 循环经济统计测度的合理模式选择

总的来看，第一节介绍的三种循环经济可能测度模式——绿色 GDP 测度模式、循环经济发展评价指标体系测度模式和物质流分析测度模式，虽然目标都是反映可持续发展，但由于切入问题的角度、关注问题的侧重点不同，呈现出不同的特点。究竟哪一种测度模式适合循环经济的测度评价？是不是还存在三种测度模式之外更适合循环经济测度的创新模式？主要取决于哪一种测度模式更符合循环经济的内在发展要求，符合循环经济的内在逻辑，取决于哪一种测度模式能够真实反映、客观描述循环经济的发展概貌。

关于循环经济的内在发展逻辑，大量的循环经济理论研究文献已给出较为成熟的答案。即循环经济是在可持续发展理念的指引下，将经济活动组织成“资源—产品—再生资源”的物质反馈式系统。强调运用生态规律指导人类社会经济活动，认为若像生态系统那样，调节控制经济系统的物质投入量，对物质循环综合利用，减少物质的排放量，最大程度降低对环境的破坏和影响，从而减缓乃至消除经济发展与环境之间的矛盾，实现社会经济与生态环境的可持续发展。

从循环经济的内在发展逻辑来看，循环经济始终围绕的问题就是“物质循环”。循环经济不仅强调从输入和输出端减少物质投入和排放，而且重视物质的反复循环利用。因此可以说，“物质循环”是循环经济的基本问题。在这一点上，物质流分析测度模式与循环经济在理论基础和逻辑架构上是相通的。他们都将物质流动视为经济系统和自然生态系统沟通的桥梁，都认为通过对物质流动的调控可以实现经济系统和自然生态系统的和谐和可持续发展。

在理论基础上，物质流分析的理论基础是社会代谢论，社会代谢论和循环经济理论都认为“经济活动是以人自身的活动来引起、调整和控制人和自然之间物质变换的过程”，其中物质变换是人类经济系统和生态系统交流的基本形式，正是因为人类社会与生态系统的物质交换，人类改造了自身的生存、发展环境的同时也改造了自然环境。但只有在人类经济系统和生态系统的物质流动保持在合理范围以内时，才能保持和促进生态平衡和可持续发展。

在逻辑架构上，物质流分析测度模式和循环经济都是以经济系统为中心，针对经济系统的物质输入和物质输出构造理论分析和数量核算的分析框架。在可持续发展理念尚未形成的人类经济活动中，往往是无节制地从自然界获取资源，认为资源是无成本的，之后又不加节约地利用资源，肆意地向自然环境中排放废弃物。正是对物质变换不加重视的人类经济活动过程，造成了人类经济活动与生态环境的突出矛盾。物质流分析测度模式和循环经济理论都认为人类应该改变这样的行为方式，人类经济系统与生态环境之间的物质变换应该呈现反馈流动的特征，即在生产、消费使用的各个环节重视降低物质投入，并通过物质的循环利用提高物质的利用效率，降低物质排放量，从而实现经济系统和生态系统的和谐发展。

在操作性上，物质流分析测度模式重点关注物质在经济系统内的流动情况，通过核算得到的一系列指标，如物质投入、物质排放、物质循环利用等方面的指标等，描绘经济系统的物质运动过程。循环经济在发展中提出的基本要求就是尽可能减少物质投入和物质排放，最大限度地综合利用资源。因此，物质流分析测度模式和循环经济的要求具备很好的契合度，可以成为循环经济发展的合理测度模式。

至于绿色 GDP 核算模式和循环经济评价指标体系测度模式，都不是循环经济统计测度的合理模式，原因主要有：绿色 GDP 核算是在资源环境问题日益凸显、GDP 受到广泛质疑的背景下提出的。绿色 GDP 要解决的核心问题是绿化“GDP”指标，也就是要在 GDP 中扣掉增长中的资源环境代价，从而体现经济增长的真实水平。围绕绿色 GDP 核算，联合国、各国政府机构、研究机构和学者们在 20 世纪 70 年代开始艰辛的探索，但由于绿色 GDP 核算中强调资源环境代价的“货币化价值”，因此到目前为止还没有较为成熟和被广泛接受的绿色 GDP 核算体系。可以发现，绿色 GDP 与循环经济的核心问题背离甚远，不能直接反映经济系统的物质流动情况，难以作为循环经济的科学测度模式。

对于循环经济发展评价指标体系测度模式，采用指标体系评价循环经济的发展情况目前是测度循环经济发展水平的主要方式，但存在的突出问题是科学性不强，各种评价指标体系的构建往往归于现有若干宏观经济环境指标的排列组合，指标的选择带有很强的主观色彩，很难判断孰优孰劣。选择的资源环境指标往往不能切实反映循环经济的发展情况，指标设立的初衷也非用于反映循环经济的概貌，因此现实可操作性不强。

综合以上，比较绿色 GDP 核算模式和循环经济发展评价指标体系测度模式，物质流分析测度模式从理论基础、逻辑架构以及可操作性方面都是循环经济统计测度的理想选择。对比绿色 GDP 核算的资源环境成本的货币化难题，物质流分析测度模式的实物量核算方式，不涉及货币化，现实可操作性更强。对比循环经济发展评价指标体系测度模式的主观性缺陷，物质流分析测度模式体现了更强的科学性和系统性。

但必须注意到，物质流分析的一般分析框架只侧重对从自然界开采进入经济系统的物质输入和经济系统对自然界的物质排放进行测算，对经济系统内的物质流动进行“黑箱”处理。而循环经济不仅强调减少物质投入和物质排放，更关键的是在经济系统内部提高物质循环利用效率，而一般的物质流分析不能有效反映经济系统内的物质流动。而物质投入产出分析（PIOT）利用投入产出分析技术，有效监控了物质在经济系统内部的流动特征和规律。因此提出了基于 PIOT 的循环经济统计测度思路，即在物质流分析的基础上重点采用物质投入产出分析框架，以经济系统为中心，对经济系统的物质输入、物质排放以及经济系统内部的物质流动展开全面测算，全面反映循环经济的发展概貌。

第三节 基于PIOT的循环经济统计测度基本思路

统计测度的核心在于对被测度的对象提供科学有效的量化方法，和统计评价的最大不同之处在于统计测度能够提供最基础的量化指标以及依据这些指标的统计分析思路。基于物质投入产出分析的循环经济统计测度框架将通过对经济系统为中心的物质流动的全面反映和分析，为刻画和描述循环经济的发展状况提供一系列基础指标和分析框架。

一、循环经济统计测度的目的和原则

（一）统计测度的含义

Ludwik（2003）认为，定量的方法现在应用于社会经济研究的广泛领域，定量方法的使用离不开测度，测度是帮助我们认识和刻画世界的工具①。李金昌（2015）认为，我们直接面对的是现象和事物，要进入理性思维的过程，首先需要把现象和事物显性化，显性化也就是测度的过程。测度借助一系列理论和数字、符号，将研究的现象和事物定量化，也就是生成可以用于统计分析的数据，数据的获得使得我们对现象和事物的理解更易进行，有助于发现规律和特征②。

“统计测度”这一研究术语近年来成为“热词”，研究热度逐年攀高。涉及的领域包括经济、环境、水文、教育、信息化和家庭关系等诸多方面。可以说，目前无论是在自然科学领域还是在社会科学领域，统计测度都是学者密切关注的问题之一。

统计测度的原则之一是要能够追踪现象的本质，这是统计测度科学性

---

① Ludwik Finkelstein. Widely, strongly and weakly defined measurement [J]. Measurement, 2003, 34 (1): 39-48.

② 李金昌. 统计测度：统计学迈向数据科学的基础 [J]. 统计研究, 2015 (8): 3-9.

的前提，统计测度如果不能达到对现象本质的描述和刻画，那么在统计测度基础上的统计分析将缺乏存在根据。同时，还应注意测度边界问题，即应该测度与不应该测度（至少在当下）的区分，注意测度应用的基本理论和方法论前提，注意可测度与不可测度的区分，注意宏观经济测度的资源约束等等问题，这些在邱东（2012）[①] 的论著中有详细的表述。

（二）循环经济统计测度的主要目的

构建科学系统的循环经济统计测度框架，首先必须明确循环经济统计测度的目的，因为只有目的和方向明确，测度框架的构建才具有现实的针对性和可实施性。综合来看，构建循环经济统计测度框架的目的主要集中在以下三个方面。

1. 提供循环经济运行数据信息。提供循环经济发展的相关数据信息是循环经济统计测度要达到的首要目标，是实施循环经济定量分析的起点。循环经济运行本身是一个复杂的经济过程，多部门、多产业、多学科交叉，当中存在着错综复杂的经济联系。循环经济统计测度要在一系列科学的原则和方法的指引下，在复杂的经济联系中了解和掌握循环经济的发展情况，提供一整套系统的基础数据指标体系。

2. 实施循环经济定量监测与评价。建立科学系统的循环经济统计测度体系，不仅在于提供循环经济全面准确的数据信息，根本目的在于利用这些数据信息实现对循环经济的定量监测和评价。循环经济的定量监测和评价有利于管理决策部门及时发现循环经济运行过程中的矛盾和问题，分析其产生的原因并采取积极合理的应对措施，促进循环经济的良性发展。科学的循环经济测度体系的建立和实施还有助于客观认识循环经济的发展阶段，有助于不同地区间的比较。

3. 为循环经济发展提供咨询服务。在对循环经济进行监测和评价的过程中，循环经济统计测度将发现循环经济存在的问题和改进的方向，

① 邱东．宏观测度的边界悖论及其意义［J］．统计研究，2012（8）：83－90.

为相关部门提供政策建议。

总之，循环经济统计测度框架的构建，是促进循环经济发展的基础性工作。测度框架提供的翔实可靠的数据支撑功能，必将有助于实现对循环经济的有效监测和评价，以及为相关部门提供良好的咨询服务。

（三）循环经济统计测度总体框架设计的基本原则

在循环经济统计测度框架的设计过程中，必须遵循一系列基本原则，这些原则同时也是客观现实对测度框架提出的基本要求，将成为整个测度框架设计过程的指导性思想。

1. 整体性原则。在循环经济统计测度中，要把循环经济视为一个复杂的系统，因为循环经济不仅涉及到社会经济运行，还涉及技术水平、资源环境等多个要素。要将循环经济的多个要素放到循环经济大系统的整体中去考虑，循环经济统计测度体系不仅要力图全面反映循环经济的运行过程，还要反映循环经济内部各要素间的经济联系和全貌。

2. 层次性原则。循环经济统计测度框架提供的基础指标要有一定的逻辑关系，由于循环经济的发展体现在经济活动的各个层面，因此基础指标之间既要相互独立，又要彼此联系，构成一个有机的整体。基础指标的设计要自上而下，从宏观层面、中观层面到微观层面，形成循环经济统计测度的有序网络体系。

3. 衔接性原则。鉴于联合国推荐的综合环境与经济核算体系（SEEA）在全球范围内的广泛影响和指导意义，循环经济统计测度框架应尽可能与SEEA框架接轨，在基本概念的定义、核算内容的确定、核算账户的设计等方面尽可能与SEEA框架保持一致。又由于各国的基础统计工作存在很大差异，因此循环经济统计测度框架不仅要借鉴国际上的先进经验，尽可能与国际SEEA框架相接轨，而且要与中国统计发展的现实情况适应。在基础数据的利用方面，尽可能利用已有数据，避免对现有国民经济核算体系和资源环境统计体系做大的调整。

4. 可操作性原则。循环经济统计测度框架的构造不仅是一个理论问题，也要考虑测度框架的现实可操作性。因此测度框架的设计中，还应考虑我国的基础统计工作实际、数据资料的可获得性等一系列问题。构建的循环经济统计测度框架重在初步勾画循环经济统计测度的合理模式，为进一步的研究实践和具体核算提供研究思路，具体操作方法在实践中将逐步得以发展和完善。同时，由于循环经济统计测度框架的建立需要一个较长的过程，因此测度框架的设计应是开放性的，随着理论和实践的发展，允许测度框架做必要的调整。

5. 导向性原则。如前所述，循环经济统计测度的目的之一是实施循环经济的定量监测和评价，为循环经济的发展提供咨询服务。因此，循环经济统计测度不仅仅是为了获取基础数据，更重要的是通过测度引导社会经济主体向着良好的方向发展，测度体系的设计要与国家的循环经济政策导向相一致。

二、基于 PIOT 的循环经济统计测度基本框架的设计思路

在循环经济统计测度的基本目的和框架设计原则的指引下，采用物质流分析的基本思想构造循环经济统计测度的基本框架，并对物质流分析方法加以改进和创新，使之更加符合循环经济统计测度的需要，最大的改进之处是将物质投入产出分析应用至循环经济统计测度中来。以下是本书提出的循环经济统计测度框架的基本思路，也是对循环经济统计测度工作的整体安排。

测度框架主要基于物质投入产出分析（PIOT）的方法，将物质流核算方法与物质投入产出分析方法相结合，采用账户体系和循环经济物质投入产出分析表的形式，对循环经济进行系统的统计测度和分析。提出的循环经济统计测度框架主要包括两大部分——一部分是循环经济宏观层面的经济系统物质流核算账户体系，另一部分是循环经济物质投入产出分析框架。这两个部分是有机联系的整体，缺一不可。经济系统物质流核算账户体系的构建目的主要是以经济系统为中心，将投入经济系统的物质和排出

经济系统的废弃物质进行系统测度；而循环经济物质投入产出分析则对经济系统内部的物质流动利用投入产出分析工具加以细致的描述和分析。经济系统物质流核算账户体系关注自然环境与经济系统的边界，而循环经济物质投入产出框架不仅涉及自然环境与经济系统的边界，还将细化经济运行的各个环节，研究各环节之间的物质循环利用关系。

对于经济系统物质流核算账户体系，主要采用账户体系的方法。相关的物质分类必不可少，对物质投入、物质排放和各项物质存量进行合理分类后，之后的工作就是在相应的账户中予以记录。由于账户体系的设计逻辑非常严密，从而将经济系统的“物质吞吐规模”以系统的方式加以呈现，有助于相关方面了解和掌握经济系统与生态系统间的物质流量、流向，从而实施循环经济的有效调控和管理。例如，循环经济倡导在减少资源投入的前提下实现社会经济目标，经济系统物质流核算账户体系能够给出一定时间内经济活动的物质投入量；循环经济倡导尽可能减少废弃物排放量，经济系统物质流核算账户体系能够给出一定时间内经济活动的物质排放量；循环经济倡导物质的循环利用，主要目标是提高物质循环利用效率，经济系统物质流核算账户体系能够提供一定时间内经济系统的物质存量净增以及物质再利用的总量。总之，经济系统物质流核算账户体系对经济系统的“物质吞吐量”进行了系统的刻画和描述。

对于循环经济物质投入产出分析，根本目的是为了能够清晰地展示经济系统内部的物质循环，避免将经济系统内部的物质循环“黑箱”处理。研究中利用物质投入产出分析工具，研究循环经济系统内部的物质流动，了解经济系统内部各环节间的物质流动情况，这也是对构建的经济系统物质流核算账户体系的进一步完善。希望通过循环经济物质投入产出分析，从纵横交叉的物质流动关系中找到其中最能说明问题实质的基本联系，反映循环经济的发展概貌。

最后需要说明的是，本书进行的循环经济统计测度主要从实物量的角度展开。在目前的资源环境统计工作现实下，实物量核算更具现实可操作性。国际资源环境统计的研究工作中，主要面临着两大核心难题——资源环境的产权界定和非市场定价，这两大核算难题使得资源环境统计的研究工作难以有效展开。以联合国提出的SEEA核算体系为例，该核算体系虽然提出了比较规范的资源环境核算思路和框架，却因为资源环境的产权定价问题难以在实践中广泛应用。另外，本书认为测度循环经济，需要以“物质循环”为测度核心，因为不论是经济系统的物质投入、物质排放，还是经济系统内部的物质流转，通过实物量对物质流转的考察都更为切合实际。基于以上考虑，构建的循环经济统计测度框架主要采取实物量核算的方式，并力争在后续研究中在实物量核算的基础上探讨价值量核算的可能性。

三、测度框架中涉及的基本理论和概念

（一）基本平衡原则——质量守恒定律

经济系统物质流核算账户体系遵循物质流分析方法的基本平衡原则——质量守恒定律。质量守恒定律也叫物质不灭定律，是自然界的基本定律之一，其基本内容是：在一个封闭的体系中，无论发生何种变化或过程，物质的总质量守恒，也就是物质和能量一定有它们的源头，也一定有它们的归宿，物质和能量可能有物质形式上的变化，也可以有空间上的转移，但物质总质量在一定时空下是不变的。依据质量守恒定律可以得到：

$$物质的输入量 = 物质的输出量 + 物质存量的净变化量 \quad (3.1)$$

（3.1）式说明，经济系统从生态系统内得到的物质输入，进入经济系统后，可能经过生产过程形成产品，也可能直接进入消费过程，在一定时间内成为经济系统的物质贮存，剩余部分排出经济系统。此定律适用于一切层次上的物质流核算与分析，因此物质输入量等于物质的输出量和物质存量净增的和。

物质平衡的性质可表达为：

源 = 汇（如资源开采 = 资源使用）

所有的物质流都有“源”和“汇”，并且源的总量与汇的总量相等，

只是在生产和消费过程中物质的形式发生改变。当运用物质平衡这一性质为一些特定种类的物质在经济系统建立平衡关系时，原材料与其最终的释放量或废物的排出量有关。①

正是在物质平衡原则的指导下，经济系统物质流核算构造了一个平衡的分析框架，将经济系统的物质投入、物质排放和物质贮存都纳入框架的分析当中。

（二）系统边界的有关规定

在经济系统物质流核算中，首先要确定经济系统和自然环境之间的界限。社会经济系统从生态系统中获得原料、矿石、能源、水、空气以及农林生物和鱼类等物质投入，将废弃物质排放至生态系统，物质投入和物质排放都考虑了获取资源过程中开挖的表土和灌溉排放的水由投入面转到排放面的过程。研究过程中还需要明确一国或地区与其他国家或地区的界限。

因此循环经济统计测度的系统边界主要从两方面界定。

一方面是经济系统与自然环境之间的界限，生态系统中的物质以原料的形式通过此界限第一次进入到经济系统中进行物质转换，废弃物（废物、废水及废气）由此边界退出社会经济系统进入生态系统，这一界定的目的是确定经济系统内部的代谢主体，社会经济系统与生态系统之间的边界也就是从一国的自然环境中开采的未经加工的物质以及社会经济系统向环境的完全废弃物排放。社会经济系统对自然环境中初始物质的输入涉及有目的的和人为的物质利用，而完全废弃物的排放则是指社会经济系统完全对物质位置和成分失去控制。

另一方面是一国经济系统与他国经济系统的界限，通过这一界限，物质以原料、产品或半成品的形式进入一国的经济系统或转出至他国的经济系统。此边界的界定与国民经济核算体系须保持一致，等同于一国经济领

① EUROSTAT. Economy－wide Material Flow Accounts and Derived Indicators：Methodological Guide［M］. Luxembourg：EUROSTAT，2001：9－15.

土的界定，但排除基于地理领土的自然流动。在循环经济系统物质流核算中，主要关注的是以一国经济系统为中心的物质交换，当物质经过系统边界进入或转出时才予以核算，这里的边界包括经济系统与自然环境的边界和一国与他国经济系统的边界。但经济系统内的物质流动不予测度，这方面的测度内容主要在循环经济物质投入产出分析中加以核算，但在缺乏基础数据的情况下，经济系统内部的物质流动量也可能作为估算的依据。

系统边界的划分直接决定了各类物质作为物质投入还是物质排放的归属问题。例如，对于垃圾填埋场和人工培育森林的处理，当垃圾填埋场被包括在系统边界内时，填埋场本身作物质存量处理，填埋场排出的废气和垃圾渗漏液要纳入物质排放总量当中。人工培育森林被包括在系统边界内时，树木吸收的养分计入物质投入，而木材的采伐量不能作为物质投入。牲畜作为物质代谢主体时，其在国内牧场摄入的植物生物量以及进口的饲料，都是物质输入项。农业中使用的化肥直接定义为社会经济系统对生态系统的物质输出，因为其在土壤中的扩散、分解到最后的残留都很难测算，人类社会经济活动已经对其失去了控制。对于水资源的处理，往往其被排除在系统之外，主要由于水的代谢规模巨大，如果计入物质投入，其庞大的输入数值将掩盖其他物质的流动状况，使得相关分析失去意义。另外，作为废弃物的排放渠道，水流当中的废弃物数据并不完备。对于氧气的处理也比较特殊，据测算用于化石燃料燃烧和其他工业化学反应中的来自大气中的氧，至少占物质投入总量的20%，因此和水的处理类似，氧气一般只作为物质平衡项记录，而不作为物质投入项目的组成部分。但氧结合其他元素如碳、氮、硫等形成二氧化碳、氧化物、二氧化硫等物质排放到大气当中，成为主要的环境污染物，这些是会计入工业生产的物质排放当中。

（三）涉及的基本概念及分类

循环经济统计测度中的物质主要可以区分为物质投入、物质排放以及物质存量三大类，以下涉及的项目分类主要是对物质投入、物质排放以及经济系统的物质存量进行详细的定义。需要注意的是，不同的研究中使用的物质分类标准存在较大差别，以下主要是根据欧盟统计局的物质流分析指导手册（2001）确定物质项目分类。

1. 物质投入分类。如表3－6所示，输入的物质流主要区分为国内直接开采、进口、国内隐藏流（隐流又称非直接流、生态包袱）、与进口有关的隐藏流和为核算平衡列出的平衡项目。需要说明的是国内隐藏流、与进口有关的隐藏流合并显示了国内直接开采所产生的生态包袱。

表3－6　物质投入分类

<table>
<tr><td rowspan="23">国内直接开采</td><td rowspan="4">化石燃料项</td><td colspan="2">原煤</td></tr>
<tr><td colspan="2">原油</td></tr>
<tr><td colspan="2">天然气</td></tr>
<tr><td colspan="2">其他</td></tr>
<tr><td rowspan="15">矿物原料项</td><td rowspan="2">矿物项</td><td>金属矿物项</td></tr>
<tr><td>非金属矿物项</td></tr>
<tr><td rowspan="5">工业原料项</td><td>盐</td></tr>
<tr><td>特殊黏土</td></tr>
<tr><td>专用砂石</td></tr>
<tr><td>农用泥炭</td></tr>
<tr><td>其他</td></tr>
<tr><td rowspan="6">建筑材料项</td><td>沙</td></tr>
<tr><td>砾石</td></tr>
<tr><td>碎石</td></tr>
<tr><td>制砖用普通黏土</td></tr>
<tr><td>料石</td></tr>
<tr><td>其他</td></tr>
<tr><td rowspan="4">生物性物质</td><td colspan="2">农业生物类</td></tr>
<tr><td colspan="2">林业生物类</td></tr>
<tr><td colspan="2">渔业生物类</td></tr>
<tr><td colspan="2">其他生物类</td></tr>
</table>

续表

<table>
<tr><td rowspan="3">再生利用物质总量</td><td colspan="2">化石燃料项</td></tr>
<tr><td colspan="2">矿物原料项</td></tr>
<tr><td colspan="2">生物性物质</td></tr>
<tr><td rowspan="14">进口</td><td rowspan="4">原材料</td><td>化石燃料项</td></tr>
<tr><td>矿物原料项</td></tr>
<tr><td>生物性物质</td></tr>
<tr><td>次级原材料</td></tr>
<tr><td rowspan="3">半制成品</td><td>来自化石燃料</td></tr>
<tr><td>来自矿物原料</td></tr>
<tr><td>来自生物性物质</td></tr>
<tr><td rowspan="3">制成品</td><td>基本上来自化石燃料</td></tr>
<tr><td>基本上来自矿物原料</td></tr>
<tr><td>基本上来自生物性物质</td></tr>
<tr><td rowspan="2">其他商品</td><td>其他非生物类商品</td></tr>
<tr><td>其他生物类商品</td></tr>
<tr><td colspan="2">与进口配套的包装性商品</td></tr>
<tr><td colspan="2">进口的最终处置物或掩埋的废弃物</td></tr>
<tr><td rowspan="6">国内隐藏流</td><td colspan="2">开采能源的隐藏流</td></tr>
<tr><td colspan="2">开采矿物的隐藏流</td></tr>
<tr><td rowspan="3">生物收获的隐藏流</td><td>木材砍伐的损失</td></tr>
<tr><td>农业收割的损失</td></tr>
<tr><td>其他</td></tr>
<tr><td colspan="2">建筑土方及河流疏浚</td></tr>
<tr><td rowspan="7">与进口有关的隐藏流</td><td rowspan="3">进口商品的原料吨当量</td><td>化石燃料</td></tr>
<tr><td>矿物原料</td></tr>
<tr><td>生物性物质</td></tr>
<tr><td rowspan="4">进口商品的未使用开采量</td><td>开采能源的未使用开挖量</td></tr>
<tr><td>开采矿物的未使用开挖量</td></tr>
<tr><td>生物收获的未使用部分</td></tr>
<tr><td>建筑土方及河流疏浚</td></tr>
<tr><td>平衡项目</td><td colspan="2">燃烧 C、H、S、N 等需要的氧、呼吸所需的氧、其他工业制程所需的气体</td></tr>
</table>

隐藏流（Hidden Flow）也叫生态包袱（Eco-Rucksack），是指经济系统从自然环境系统中获取物质时，为了获取物质而对环境造成的扰动，这些扰动并没有随着获取的物质进入经济系统，也不会具体参与到产品的生产或消费环节。但是因为确实产生了对环境的影响，因此在物质流核算中也不能忽略。典型的例子如开采煤炭用于发电，为了开采煤炭，无论是否露天开采，都需要剥离大面积的土层以及影响地下水路，因而对环境造成破坏。这些煤炭开采后用于发电，但剥离的土层以及对地下水路的影响都不会进入发电的过程。但如果不将这些负面影响进行计量，经济系统对资源利用的计量是不完备的。隐藏流的概念最早由德国的魏兹舍科提出，由于隐藏流客观度量了物质输入过程中对环境造成的压力，因此也得到了广泛的重视，许多国家都尝试对这一指标进行计算和分析。

隐藏流在计算中采取实物量核算的形式，对于特定产品，其隐藏流等于产品直接耗用的物质量以及通过对环境扰动而间接耗用的物质量总和减去产品本身的重量。由于产品生产过程中使用的物质的类别可能很多，为了计算方便，往往先测算动用每种特定物质的间接物质投入系数，在测算时，通过各项物质投入与其间接物质投入系数乘积的加总，计算总的间接物质投入，之后再通过计算差值来作为该产品的生态包袱也就是隐藏流。

需要特别指出的是，进出口产品在核算时也需要计算其生态包袱，为了操作方便引入原料吨当量的概念，原料吨当量是把特定的进出口产品首先拆分为各种物质投入量，之后再按照各种间接物质投入系数，将各种物质投入量转换为直接和间接投入的物质总量。这样进出口的非生物制成品和制成品所携带的生态包袱就是其原料吨当量的生态包袱。这里的问题主要在于不同国家的经济条件、技术水平等不同，可能在开采物质时对环境的影响程度也不同，因此间接物质投入系数的取值也可能不同。

循环经济统计测度中，物质投入的核算项目可总结如下：

（1）国内直接开采量主要包括：

a. 化石燃料项：硬煤、褐煤、原油、天然气、其他（原油气、泥炭、油母页岩等）。

b. 矿物项：金属矿物、非金属矿物。

c. 工业原料项：盐、特殊黏土、专用砂石、农用泥炭、其他。

d. 建筑材料项：沙、砾石、碎石（含制造混凝土的石灰石）、制砖用普通黏土、料石、其他。

e. 生物性物质：

农业生物类——谷物、根茎类、豆类、油料、蔬菜、水果、核类、纤维作物、其他；

农业收获的副产品类——做饲料用的残余作物、经济用途的稻草、其他；

饲养牲畜的草——不收割草场的草、其他草场；

林业生物类——木材（包括针叶林木、非针叶林木）、其他林木副产品（油桐、油茶、茶叶、板栗、其他）；

渔业生物类——海洋捕获鱼、淡水捕获鱼、其他（水生哺乳动物和其他）等；

狩猎生物；

其他生物类——蜂蜜、蘑菇、干果、草药等。

（2）再生利用物质总量主要包括化石燃料、矿物原料和生物性物质。

进口主要包括：

a. 原材料——化石燃料、矿物原料、生物性物质以及次级原材料；

b. 半制成品——来自化石燃料的半制成品、来自矿物原料的半制成品以及来自生物性物质的半制成品；

c. 制成品——基本上来自化石燃料的制成品、基本上来自矿物原料的制成品以及基本上来自生物性物质的制成品；

d. 其他商品以及与进口产品配套的包装性商品和进口的最终处置物或掩埋的废弃物。

（3）国内隐藏流主要包括：开采能源的非使用开挖量、开采矿物的非使用开挖量、生物收获的非使用部分——如木材砍伐的损失、农业收割的损失及其他、建筑土方及河流疏浚。

与进口有关的隐藏流主要包括：

a. 进口商品的原料吨当量——化石燃料、矿物原料、生物性物质；

b. 进口商品的未使用开采量——开采能源、开采矿物、生物收获的未使用部分以及建筑土方和河流疏浚。

（4）平衡项目主要包括燃烧 C、H、S、N 等需要的氧、呼吸所需的氧、其他工业制程所需的气体。

如前所述，经济系统物质流核算主要依据的是质量守恒定律，且只考虑经济系统与自然环境、一国与他国经济系统的界限，那么平衡项的设置在物质流分析中必不可少。在经济系统物质流核算中，输入物质经过各种生产和消费环节的转化，其物质形式可能发生多轮变化，到最终脱离经济系统，可能物质的形态已经截然不同，要单纯从物质投入和物质排放端进行单独核算，很难将所有的物质都测算准确，这时必须利用物质守恒定律提供的平衡关系，将可测的物质量先纳入核算体系，不可测的物质尽可能通过平衡关系导出结果。

在研究中需要注意的是，在物质输入端增加了再生利用物质总量项目，主要考虑要通过对经济系统中物质流动状况的追踪分析反映循环经济的发展概况，就不能不考察废弃物的回收和再利用，经济系统中初次使用的物质总量与再生利用物质总量在物质应用特点上没有任何区别，单纯地核算初次使用的物质总量不能说明物质流动的实际情况。

2. 物质排放分类。如之前关于隐藏流和生态包袱的界定，经济系统对自然环境的物质排放也有直接排放和间接排放之分，直接排放单纯指废弃物排放过程，间接排放是指在物质输入过程中，对环境造成的扰动项，也就是隐藏流。直接物质排放和隐藏流物质排放，都属于经济系统的物质排放。

如表 3 – 7 所示，物质排放主要区分为污染排放物、耗散性物质、出口、国内未使用开采量的处置和为核算平衡列出的平衡项目。

表 3－7　　　　　　　　　物质排放分类

<table>
<tr><td rowspan="4">废弃物与污染排放</td><td rowspan="3">回收利用</td><td>排放到表土上的废弃物：如家庭及城镇垃圾、工业废物、污水处理厂的污泥等</td></tr>
<tr><td>燃料燃烧与制程中排放到大气中的污染物：如一氧化碳、二氧化碳、二氧化硫、一氧化氮、二氧化氮、一氧化二氮、氨气、氯氟烃、粉尘等</td></tr>
<tr><td>排放到水中的废物：如氮、磷及其他有机物等</td></tr>
<tr><td>未回收利用</td><td>与回收利用项目分类相同</td></tr>
<tr><td rowspan="2">耗散性使用与损失</td><td colspan="2">耗散性使用：如农田上的化肥、杀虫剂等</td></tr>
<tr><td colspan="2">耗散性损失：如化学品事故、有害气液泄漏、基础设施腐蚀、风化等</td></tr>
<tr><td rowspan="14">出口</td><td rowspan="4">原材料</td><td>化石燃料项</td></tr>
<tr><td>矿物原料项</td></tr>
<tr><td>生物性物质</td></tr>
<tr><td>次级原材料</td></tr>
<tr><td rowspan="3">半制成品</td><td>来自化石燃料</td></tr>
<tr><td>来自矿物原料</td></tr>
<tr><td>来自生物性物质</td></tr>
<tr><td rowspan="3">制成品</td><td>基本上来自化石燃料</td></tr>
<tr><td>基本上来自矿物原料</td></tr>
<tr><td>基本上来自生物性物质</td></tr>
<tr><td rowspan="2">其他商品</td><td>其他非生物类商品</td></tr>
<tr><td>其他生物类商品</td></tr>
<tr><td colspan="2">与出口配套的包装性商品</td></tr>
<tr><td colspan="2">出口的最终处置物或掩埋的废弃物</td></tr>
<tr><td rowspan="6">国内未使用开采量的处置</td><td colspan="2">开采能源的未使用开挖量</td></tr>
<tr><td colspan="2">开采矿物的未使用开挖量</td></tr>
<tr><td rowspan="3">生物收获的未使用部分</td><td>木材砍伐的损失</td></tr>
<tr><td>农业收割的损失</td></tr>
<tr><td>其他</td></tr>
<tr><td colspan="2">建筑土方及河流疏浚</td></tr>
</table>

续表

<table>
<tr><td rowspan="7">与出口有关的隐藏流</td><td rowspan="3">出口商品的原料吨当量</td><td>化石燃料</td></tr>
<tr><td>矿物原料</td></tr>
<tr><td>生物性物质</td></tr>
<tr><td rowspan="4">出口商品的未使用开采量</td><td>开采能源的未使用开挖量</td></tr>
<tr><td>开采矿物的未使用开挖量</td></tr>
<tr><td>生物收获的未使用部分</td></tr>
<tr><td>建筑土方及河流疏浚</td></tr>
<tr><td>平衡项目</td><td colspan="2">燃烧过程中的蒸发水，制程和商品的蒸发水以及人和牲畜代谢过程中的二氧化碳排放和水蒸发等</td></tr>
</table>

（1）废弃物与污染排放主要区分为回收利用和未回收利用两个部分，这一点和欧盟指导手册上的分类不同，这样设置的主要目的是为了反映循环经济的发展情况。无论是回收利用还是未回收利用，下设的分类项目是一致的，都主要包括：

a. 排放到表土上的废弃物，主要包括家庭及市镇垃圾、工业和商业生产中的废物、建筑物建拆过程中的废物、污水处理厂的污泥等；

b. 燃料燃烧与制程中排放到大气中的污染物，例如二氧化碳、二氧化硫等；

c. 排放到水中的废物，例如氮、磷及其他有机物以及河海的倾泻物。

（2）耗散性使用是指目前技术条件下不可避免的使用流失，诸如农田里的化肥、杀虫剂等；耗散性损失主要包括化学品事故、有害气液泄露、基础设施腐蚀、汽车轮胎的橡胶磨损、溶解物分解等。

出口主要包括：

a. 原材料——化石燃料、矿物原料、生物性物质以及次级原材料；

b. 半制成品——来自化石燃料的半制成品、来自矿物原料的半制成品以及来自生物性物质的半制成品；

c. 制成品——基本上来自化石燃料的制成品、基本上来自矿物原料的制成品以及基本上来自生物性物质的制成品；

d. 其他商品以及与出口产品配套的包装性商品和出口的最终处置物或掩埋的废弃物。

（3）国内未使用开采量主要包括：开采能源的非使用开挖量、开采矿物的非使用开挖量、生物收获的非使用部分——如木材砍伐的损失、农业收割的损失及其他、建筑土方及河流疏浚。

与出口有关的隐藏流主要包括：

a. 出口商品的原料吨当量——化石燃料、矿物原料、生物性物质；

b. 出口商品的未使用开采量——开采能源、开采矿物、生物收获的未使用部分以及建筑土方和河流疏浚。

（4）平衡项目主要包括燃烧过程中的蒸发水，制程和商品的蒸发水以及人和牲畜代谢过程中的二氧化碳排放和水蒸发等。

3. 物质存量分类。物质存量主要分为两大部分：人工制造的固定资产（如建筑物、基础设施、车辆、机器设备等）和人与牲畜等代谢主体的总质量。在一般的国民经济核算中，家庭购买的耐用消费品并不被视为固定资产，但在循环经济统计测度中应该包含在固定资产的范围里，视作经济系统的物质存量。

上文提到的代谢主体是经济系统物质流核算中的基本单位，类似于国民经济核算中常住单位的概念，例如，人和牲畜，都可以“消费”物质（例如食物、空气和水）和排出物质（排出粪便和污物），就是物质核算中的代谢主体。代谢主体划分的主要意义在于明确核算的主体，如果核算主体不明确，那么物质投入和物质排放的界限就不能清晰。例如，种植的蔬菜，一般不作为代谢主体，如果作为代谢主体，那么种植蔬菜的所有物质投入就非常难以确定了，因为蔬菜的生长需要在土壤中吸收多种矿物质，同样各种作物和林木都不能作为代谢主体出现。

现有的研究经验表明，人造固定资产占物质存量的绝大部分，因此物质存量的变化主要指人造固定资产的变化，如建筑及基础设施（建筑材料、金属、木材等）、机器及耐用品的增加或减少。物质存量分类如表 3－8 所示。

表3－8　　　　　　　　　　物质存量分类

<table>
<tr><td rowspan="6">物质存量增加</td><td rowspan="4">建筑及基础设施</td><td colspan="2">建筑材料</td></tr>
<tr><td colspan="2">金属</td></tr>
<tr><td colspan="2">木材</td></tr>
<tr><td colspan="2">其他建筑材料</td></tr>
<tr><td rowspan="2">其他（机器设备、耐用品等）</td><td colspan="2">金属</td></tr>
<tr><td colspan="2">其他材料</td></tr>
<tr><td rowspan="12">物质存量减少</td><td rowspan="8">建筑及基础设施</td><td rowspan="4">拆毁</td><td>建筑材料</td></tr>
<tr><td>金属</td></tr>
<tr><td>木材</td></tr>
<tr><td>其他建筑材料</td></tr>
<tr><td rowspan="4">耗散损失</td><td>建筑材料</td></tr>
<tr><td>金属</td></tr>
<tr><td>木材</td></tr>
<tr><td>其他建筑材料</td></tr>
<tr><td rowspan="4">其他（机器设备、耐用品等）</td><td rowspan="2">报废</td><td>金属</td></tr>
<tr><td>其他材料</td></tr>
<tr><td rowspan="2">耗散损失</td><td>金属</td></tr>
<tr><td>其他材料</td></tr>
<tr><td rowspan="2">物质存量净增（存量增加－存量减少）</td><td colspan="3">建筑及基础设施：建筑材料、金属、木材、其他材料</td></tr>
<tr><td colspan="3">其他（机器设备、耐用品等）：金属、其他材料</td></tr>
</table>

存量总增加主要包括：

a. 建筑及基础设施：建筑材料、金属、木材、其他建筑材料；

b. 其他机器及耐用品等：金属、其他材料。

存量减少主要包括：

a. 建筑及基础设施的拆毁：建筑材料、金属、木材、其他建筑材料；

b. 耗散引起的减少：建筑材料、金属、木材及其他；

c. 机器设备及耐用材料等，主要包括报废的金属及其他材料、耗散损失的金属及其他材料。

物质存量净增等于存量增加和存量减少的差。

第四章　经济系统物质流核算账户体系及实证测算

在第三章中，设计了基于 PIOT 的循环经济统计测度框架，测度框架主要包括两个部分的内容，第一个部分是经济系统的物质流核算账户体系，第二部分是循环经济的物质投入产出分析框架。经济系统的物质流核算主要关注一国经济系统的物质投入量、物质排放量以及物质存储量。通过这些物质量的测算，详细记录和分析经济系统对生态系统的扰动程度，从而监控经济系统的运行过程和长期可持续性。

第一节　经济系统物质流核算账户体系

经济系统物质流核算的基本思想可见图 4－1。物质流核算将物质区分为输入、输出与物质存量三部分。对于一国经济系统，输入物质主要可以分为直接物质投入和隐藏流两个部分，其中最主要的部分来自本国自然生态系统中开采出的各种原料，包括生物物质、化石燃料、工业矿物、水等；同时要考虑为了获取这些直接物资投入而对环境造成的扰动项，也即生态包袱或隐藏流，这些扰动项不会进入经济系统，在形成时即发生对环境的破坏，一般主要包括开采化石燃料、工业矿物时开挖的表土量和引起的水土流失、生物物质收获的非使用部分、建筑土方及河流疏浚等。此外，还应考虑国外对本国经济系统的物质输入项，主要包括各种进口的直接物质以及为获得这些直接物质而对他国自然环境系统造成的扰动。

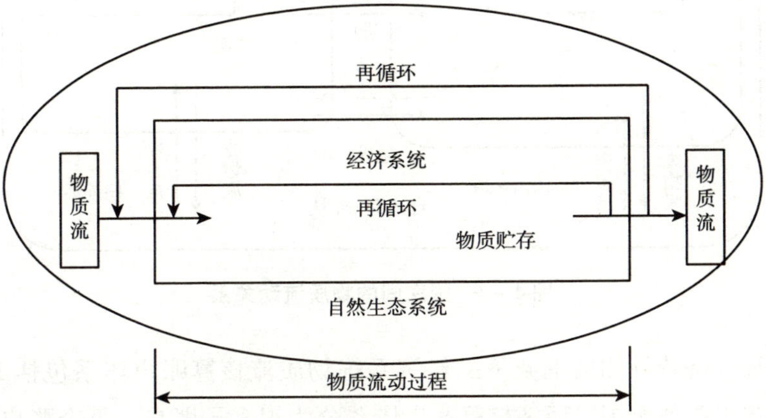

图4-1　物质流分析的基本内容

对于直接进入经济系统的直接物质投入，最终的去向可能有两个，一个是在经济系统内形成物质存量，另一个是离开经济系统，以废弃物质的形式进入自然环境系统，当然还有少部分会经过一国与他国的边界输出到其他国家。

关于废弃物质排放，一种形式是耗散性损失，这一损失往往不是显性化的损失，但也确实在发生，如化肥农药的使用、汽车轮胎的磨损等。输入经济系统内的物质还有循环再利用的情况，只有完全脱离经济活动控制、无法再被生产或消费过程利用的物质才会输出到环境中去。

一国经济系统和他国经济系统之间通过出口、进口导致的物质运动情况及相互影响如图4-2所示。

由图4-2可见，国家间的物质流动由出口、进口引起，虽然一国进口伴生的生态包袱对该国境内的自然环境没有影响，但对输出国的自然环境会产生影响。

基于以上的核算思想，参考现有物质流分析的研究成果，基于PIOT

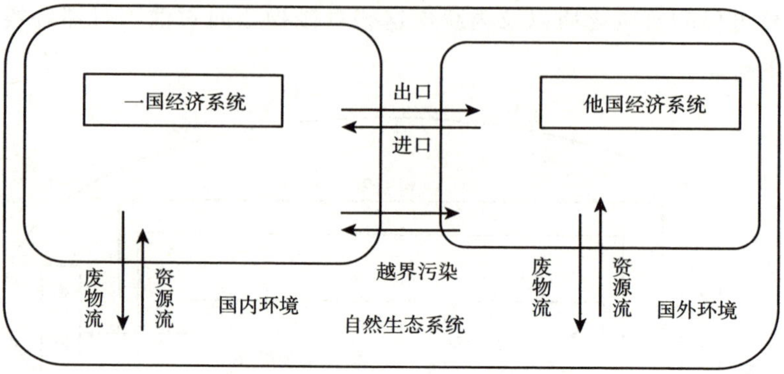

图 4－2　国家间的物质流动关系

的循环经济统计测度框架下的经济系统物质流核算账户体系包括 11 个子账户，类似于国民经济核算账户体系分为很多子账户，每个账户分为两栏，左栏为来源，右栏为使用，有时左栏也称为输入，右栏为输出。凡是经济系统中的物质流增量均记录在左栏，经济系统的物质流减量记录在右栏。另外，加总项和平衡项均记录在使用方也即右栏，第一次在核算账户中得到的总量指标也往往在使用方出现。

账户体系主要有：

账户 1：直接物质投入账户（见表 4－1）。直接物质投入（Direct Material Input，DMI）账户主要测度一国或一地区经济系统的物质直接使用量，这些物质直接使用量都取自自然环境，主要由国内直接使用的开挖量（简称国内开采）、再生利用物质总量和进口三个项目构成。国内开采主要包括各种化石能源、各种矿物和生物类的开采。化石能源主要包括原油、原煤和天然气；矿物原料包括国内开采的各类金属和非金属矿物；生物类开采包括农业生物质、林业生物质和渔业生物质；再生利用物质总量和进口所考虑的物质分类与国内开采相似。

账户 2：国内物质消耗账户（见表 4－2）。国内物质消耗（Domestic Material Consumption，DMC）账户测度一国或一个地区直接使用的物质消耗量，直接物质投入中的一部分可能用作出口，直接物质投入减去出口

表 4-1　　直接物质投入账户

来　源	使　用
国内开采量 　化石燃料 　矿物原料 　生物性物质 再生利用物质总量 进口	
	直接物质投入

就等于国内物质的总消耗量。由于出口中可能包含一些循环使用的次级原材料，国内物质消耗量一般会小于物质实际消耗量。

表 4-2　　国内物质消耗账户

来　源	使　用
直接物质投入	出口
	国内物质消耗

账户 3：实物贸易平衡账户（见表 4-3）。实物贸易平衡（Physical Trade Balance，PTB）账户主要用来测度一个国家或地区在一定时期内经济系统实物贸易的盈余或赤字。一般来说，当经济系统的物质进口大于出口时，即说明经济系统利用了其他国家或地区的投入物质，属于物质贸易盈余，这与一般产品进出口的贸易盈余和赤字的方向相反，用以说明一国或一个地区在经济发展过程中对其他国家或地区物质资源的利用程度和依赖程度。

表 4-3　　实物贸易平衡账户

来　源	使　用
进口	出口
	实物贸易差额

账户4：国内直接物质排放账户（见表4－4）。国内直接物质排放（Domestic Processed Output，DPO）账户主要用来刻画一国或地区的经济系统的直接物质排放量，主要包括各种可回收或不可收的固体污染物、液体和气体排放物以及各种耗散性损失等。由于耗散性损失的数据难以统计，核算时往往忽略不计。

表4－4　　国内直接物质排放账户

来　源	使　用
废弃物及污染排放	
回收利用	
空气中的污染物	
表土上的污染物	
水中的污染物	
未回收利用	
空气中的污染物	
表土上的污染物	
水中的污染物	
耗散性使用与损失	
耗散性使用	
耗散性流失	
	国内直接物质排放

账户5：存量净增账户（见表4－5）。存量净增账户（Net Addition to Stock，NAS）用来核算一个国家或地区在一定时期内经济系统的物质存量增加。物质存量净增项用国内物质消耗减去国内直接物质排放中的各个项目得到，即按照质量守恒定律，物质投入量减去物质排放量应等于物质存量净增。但由于核算中不大可能实现对经济系统中所有的物质量进行核算，如进入生产过程中的气体、生产过程的蒸发水等，就需要在核算平衡项中体现出来。因此在存量净增账户中，无论是来源方还是使用方都需要用物质平衡项进行调整，对物质存量净增项进行大致估算。

表 4－5　　存量净增账户

来　源	使　用
国内物质消耗	废弃物及污染排放 空气中的污染物 表土上的污染物 水中的污染物 耗散性使用与损失 　耗散性使用 　耗散性损失
投入面平衡项	排出面平衡项
	物质存量净增

由于平衡项的存在，存量净增账户对物质存量净增的估算不可避免的会产生误差，在统计核算基础较好的情况下，可使用下面的核算表实现对物质存量净增的相对准确估算（见表 4－6）。

表 4－6　　存量净增核算表

	运输基础设施	建筑	机器设备	其他耐用品	仓库库存	总计
＋增加						
－报废及拆除						
－耗散损失（腐蚀或磨损）						
物质存量净增						

账户 6：物质存量核算总表（见表 4－7）。物质存量核算总表（Physical Stock，PS）主要反映一个国家或地区经济系统的物质存量的期初、期末水平及变化情况，功能类似于国民核算体系中的资产负债核算表，有助于全面掌握一个国家或地区经济系统的物质存量状况，而账户 5 中的存量净增核算表主要用来衡量经济系统中物质存量的变化情况。

账户 7：物质流动平衡账户（见表 4－8）。物质流动平衡账户（Direct Material Flow Blance，DMFB）主要对一个国家或地区一定时期内经济系统中的直接物质投入、存贮和排出情况进行全面的反映，也是对上述各账户的系统总结。

表 4 – 7　　物质存量核算总表

	运输基础设施	建筑	机器设备	其他耐用品	仓库库存	总计
期初存量						
增加						
报废及拆除						
耗散损失						
其他变化（如分类的改变）						
物质存量变化						
统计误差						
期末存量						

表 4 – 8　　物质流动平衡账户

来　源	使　用
国内开采量	废弃物及污染排放
化石燃料	回收利用
矿物原料	空气中的污染物
生物性物质	表土上的污染物
再生利用物质总量	水中的污染物
进口	未可回收利用
	空气中的污染物
	表土上的污染物
	水中的污染物
投入面平衡项	耗散性使用与损失
	耗散性使用
	耗散性损失
	出口
	物质存量净增
	排出面平衡项
	统计误差
直接物质投入 + 平衡项	国内直接物质排放 + 出口 + 物质存量净增 + 平衡项

账户 8：国内未使用开采账户（见表 4 – 9）。国内未使用开采账户（Unused Domestic Extration，UDE）主要用来核算一个国家或地区在一定

时期内为了获得有用物质必须开采或搬运的物质量（称为生态包袱或隐藏流），这些物质量虽然没有直接进入经济系统（即未被使用），但却对环境产生较大的影响，有必要对其展开核算。

表4-9　　国内未使用开采账户

来　源	使　用
国内未使用开采量 矿山/采石场 生物物质收获 表土工程	国内未使用开采量的处置 矿山/采石场 生物物质收获 表土工程
总　计	总　计

如表4-9所示，国内未使用开采账户中的来源方和使用方的项目相同，原因在于国内未使用开采一经发生，便是经济系统的物质排放，并不参与具体的生产和消费过程，所以要在来源和使用方同时反映。

账户9：隐藏流的贸易平衡账户（见表4-10）。隐藏流的贸易平衡账户（Indirect Flow Trade Balance，IFTB）主要用来测度一个国家或地区在一定时期内国际贸易过程中伴随的隐藏流规模，可以反映该国或地区对外贸易的生态环境代价。我国近年来对外贸易一直保持顺差，但从环境保护的角度来看，我国对外贸易是否处于有利地位，即我国是否存在生态贸易赤字问题，可以通过隐藏流的贸易平衡账户展开分析。

表4-10　　隐藏流的贸易平衡账户

来　源	使　用
与进口有关的隐藏流 使用的隐藏流（进口商品的原料吨当量－进口商品重量） 与进口商品的原料吨当量有关的未使用开采量	与出口有关的隐藏流 使用的隐藏流（出口商品的原料吨当量－出口商品重量） 与出口商品的原料吨当量有关的未使用开采量
	隐藏流贸易平衡

在隐藏流的贸易平衡账户中，与进口有关的隐藏流和与出口有关的隐藏流在测算时，都需要将进出口量换算为原料吨当量。进、出口商品的原料吨当量是将进、出口商品本身的重量折算成相应的原材料投入量后得到的数值，例如将进（出）口的汽车换算成相应的铁矿石、橡胶等原材料投入的重量。与进（口）有关的隐藏流即为扣除商品本身重量的商品的原料吨当量与等量的原料吨当量导致的未使用开采量之和，综合反映了进（出）商品的生态代价，在对外贸易的环境评价中具有非常重要的分析意义。

账户 10：物质需求总量账户（见表 4－11）。物质需求总量账户（Total Material Requirement，TMR）主要用来核算一个国家或地区在一定时期的经济运行中需要的所有物质投入，包括直接物质投入、国内未使用开采量和与进口有关的隐藏流。物质需求总量账户是对直接物质投入账户、国内未使用开采账户和隐藏流的贸易平衡账户的综合。

表 4－11　　　　物质需求总量账户

来　源	使　用
国内开采量	
化石燃料	
矿物原料	
生物性物质	
再生利用物质总量	
进口	
国内未使用开采量	
矿山/采石场	
生物物质收获	
表土工程	
与进口有关的隐藏流	
使用的隐藏流（进口商品的原料吨当量－进口商品重量）	
与进口商品的原料吨当量有关的未使用开采量	
	物质需求总量

账户 11：物质消耗总量账户（见表 4－12）。物质消耗总量账户

（Total Material Consumption，TMC）对一个国家或地区的经济系统在一定时期内的物质消耗总量展开核算，由于物质需求总量中包含了为出口商品而使用的直接物质投入和隐藏流投入，这部分物质需求应看作是相应进口国家或地区的物质消耗而不是本国或地区的物质消耗，因此在物质需求总量中扣除出口和与出口有关的隐藏流投入得到一国或地区的物质消耗总量。

表 4－12　　物质消耗总量账户

来　源	使　用
物质需求总量	出口 与出口有关的隐藏流 　使用的隐藏流（出口商品的原料吨当量－出口商品重量） 　与出口商品的原料吨当量有关的未使用开采量
	物质消耗总量

以上是本书给出的经济系统物质流核算账户体系。账户体系提供了定量测估循环经济发展水平及社会物质流动状况的基本框架，与欧盟《指导手册》推广的物质流核算框架及现有的其他物质流核算分析框架相比，上述核算账户体系充分考虑了循环经济统计测度要达到的基本目的，将再生利用物质总量与废弃物的回收利用情况加入到账户体系的分析中。因为要通过对经济系统物质流动状况的追踪分析反映循环经济的发展概况，就不能不考察废弃物的回收和再利用。经济系统中初次使用的物质总量与再生利用物质总量在类型上没有任何区别，都可能经过转换变为各种消费者使用的产品，在最终产品自身被消耗掉以后也会变成废物，因此单纯地核算初次使用的物质总量是不能说明物质流动的实际情况的，对经济系统使用的物质总量的核算是不全面的。构建的经济系统物质流核算账户体系，正是为了客观反映循环经济的发展概况，在物质投入中考虑了再生利用物质，将循环经济发展的 3R 原则——减量化、再利用、资源化落实到核算框架中，通过对经济系统的物质投入量、排

放量、回收利用等情况的记录和测算，有助于在循环经济发展中注重不断减少物质投入、延长产品使用周期、对废弃物实施再利用和再循环，从而使经济系统对自然环境系统的扰动达到最小，实现二者的和谐发展。这也是本书提出的循环经济系统物质流核算账户体系的优势所在。

另外，以上分析的基本思路对于各宏观部门仍然适用，即每一宏观部门可以展开本系统内的物质流核算账户体系的研究，以通过对物质流动状况的分析反映本部门循环经济发展的基本情况。

第二节　经济系统物质流核算账户体系提供的各项分析指标

从整体上看，经济系统物质流核算账户体系提供了四类总量分析指标。

一、物质投入类指标

物质投入类指标主要包括直接物质投入、物质总投入、物质需求总量和国内物质需求总量四项指标。生态包袱和直接物质投入共同构成了物质流分析最重要的指标——物质总投入。

直接物质投入是指直接进入一国经济系统的生产、消费等领域的物质量，是由自然环境输入经济系统并直接参与经济活动的物质流，但不考虑经济系统的隐藏流投入，由国内开采量、再生利用物质总量和进口三项组成。

物质总投入是指直接和间接进入一国经济系统的生产、消费等领域的物质总量，主要包括直接物质投入和国内未使用开采量（隐藏流，或称生态包袱），用以反映一国经济系统对本国自然资源以及对来自外国的进口直接物质的总量耗费情况。

物质需求总量也叫总物质需求，是经济系统从自然环境中输入的全部物质流。由一国经济系统的物质总投入和与进口有关的隐藏流两部分构成，综合反映一国经济系统使用的来自本国及外国的直接物质投入和隐藏流投入总和，表征进入一国经济系统的物质总量。

国内物质需求总量是在物质需求总量指标的基础上扣除出口以及与出口有关的隐藏流后得到的指标。出口以及与出口有关的隐藏流可以看成是别国经济系统对自然环境系统的影响，因此从最终使用的角度来看，国内物质需求总量指标反映最终应用在本国经济系统中的直接物质和隐藏流总量，并可据此考察一国经济系统的运行对自然环境系统产生的总影响。

二、物质排放类指标

物质排放类指标主要包括国内直接物质排放、国内总排放、物质直接排放量，物质总排放量四项指标。

国内直接物质排放是指一国经济系统在生产、消费等过程中直接排放和耗散在空气、水和土地中的物质量，具体包括废水、废气、固定废弃物以及化肥、农药等耗散性物质。经济生产、使用和消费过程中排放的但被循环利用的物质不应计入，部分耗散性物质由于难以测量往往也不记入。

国内总排放是国内直接物质排放和国内未使用开采量的总和，反映一国经济系统因经济活动而排放到环境中的物质总量（包括隐藏流）。

物质直接排放量是国内直接物质排放和出口的总和，反映经济系统排放到自然界以及流向国外的直接物质总量。

物质总排放量是国内总排放和出口的总和，除国内直接物质排放外，还包括了本国经济活动造成的未使用开采量和出口到别国的物质总量，从而可以用来考察一国经济系统的物质输出总量。

三、物质消耗类指标

物质消耗类指标主要包括国内物质消耗、物质存量净增、实物贸易差额、隐藏流贸易平衡、物质消耗总量五项指标。

国内物质消耗是直接进入一国经济系统的生产、消费等领域的物质量减去出口后得到的反映国内直接物质消耗的总量指标（未考虑隐藏流）。

物质存量净增用来测度经济系统内的物质增长，是用国内物质消耗减去国内直接物质排放中的各个项目得到的用来反映年度经济系统物质存量净增加情况的指标。

实物贸易差额是进口物质总量减去出口物质总量后得到的分析指标，可以反映一个国家经济发展利用国外资源以及国外经济发展利用本国资源的基本状况，用来衡量一国经济系统的物质贸易盈余或赤字的程度。

隐藏流贸易平衡指标是与进口有关的隐藏流和与出口有关的隐藏流总量之差，考虑了国际贸易的隐藏流影响，对于分析对外贸易的可持续性有着非常重要的意义。

物质消耗总量是在物质需求总量中扣除出口和与出口有关的隐藏流投入后得到的反映一国经济系统物质消耗总量的指标，该指标考虑了隐藏流物质消耗，因此比国内物质消耗指标更全面地反映一国经济系统的物质消耗情况。

四、物质循环利用类指标

在以上分析指标的基础上，基于循环经济统计测度的需要，还可计算物质循环利用类指标，主要包括再生利用物质总量和回收利用的废弃物及污染排放量两项指标，也可以考虑在两项指标的基础上计算反映物质循环利用情况的若干相对指标，如再生利用物质总量占直接物质投入的比重、回收利用的废弃物及污染排放量占总排放量的比重等，相对指标的分析意义更加明显。

再生利用物质总量是指经济系统投入的，在社会生产和生活消费过程中产生的，经过回收、加工处理使其重新获得使用价值的各种废弃物和污染排放总量。可以用来反映经济系统循环利用资源的程度，通过对该指标的考察和监测，将促进经济活动中最大限度地开发利用再生资源，推动循环经济的广泛开展。①

回收利用的废弃物及污染排放量是从能否回收利用的角度对废弃物及污染排放总量划分后得到的指标，这一指标设立的目的是为了反映经济系统对废弃物及污染排放的最终处理情况，也可据此分析循环经济发展中物质循环利用的程度。需要说明的是，虽然从理论上讲，任何生产和消费环节所产生的废弃物及污染排放都是具有再生利用价值的资源，可以进入下一步的经济循环，但还是要受到现实的技术可行性和经济可行性的制约。在现有的技术条件下，只有在技术上可再生利用的废弃物和污染排放才能进入下一阶段的物质循环得以再生利用。

再生利用物质总量和回收利用的废弃物及污染排放量虽然都是反映经济发展过程中物质循环利用程度的指标，但也有明显的区别。再生利用物质总量是从投入的角度考察再生资源的使用规模，回收利用的废弃物及污染排放量则是从排放的角度考察废弃物及污染排放的最终处置情况。

表4－13对循环经济系统物质流核算账户体系提供的各项总量指标进行了归纳汇总，以期更为清晰地反映各指标的计算方法及指标之间的内在联系。

① 本书中提到的再生资源是指在生产、流通、消费等过程中失去或部分失去原有的使用价值，但通过不同的加工途径可使其获得使用价值的各种物质的总称。

表 4 - 13　　账户体系提供的各项总量指标汇总

指标分类	指标名称	计算方法
投入类	直接物质投入	直接物质投入 = 国内开采量 + 再生利用物质总量 + 进口
	物质总投入	物质总投入 = 直接物质投入 + 国内未使用开采量
	物质需求总量	物质需求总量 = 物质总投入 + 与进口有关的隐藏流
	国内物质需求总量	国内物流需求总量 = 物质需求总量 - 出口 - 与出口有关的隐藏流
排放类	国内直接物质排放	国内直接物质排放 = 废弃物污染与排放 + 耗散性使用与损失
	国内总排放	国内总排放 = 国内直接物质排放 + 国内未使用开采量
	物质直接排放量	物质直接排放量 = 国内直接物质排放 + 出口
	物质总排放量	物质总排放量 = 国内总排放 + 出口
消耗类	国内物质消耗	国内物质消耗 = 直接物质投入 - 出口
	物质存量净增	物质存量净增 = 国内物质消耗 - 国内直接物质排放
	实物贸易差额	实物贸易差额 = 进口 - 出口
	隐藏流贸易平衡	隐藏流贸易平衡 = 与进口有关的隐藏流 - 与进口有关的隐藏流
	物质消耗总量	物质消耗总量 = 物质需求总量 - 出口 - 与出口有关的隐藏流
循环利用类	再生利用物质总量	汇总得到
	回收利用的废弃物及污染排放量	汇总得到

第三节　经济系统物质流核算账户体系中相关总量指标的实证测算

在以上构建的经济系统物质流核算账户体系的基础上，第三节将展开对经济系统物质流核算账户体系涉及的主要指标的实证测算分析，以期反映我国经济系统的总的“物质吞吐量”，以反映循环经济发展的基本情况并针对存在问题提出相关政策建议。

物质流核算账户体系相关指标的测算需要相对复杂的数据来源，研究中主要利用了各年的《中国统计年鉴》《中国能源统计年鉴》《中国钢铁统计年鉴》《中国矿业年鉴》《中国环境公报》及《中国国土资源年鉴》等国家公开出版物上的相关数据资料，对物质流核算账户体系中的直接物质投入账户、国内物质消耗账户、实物贸易平衡账户、国内直接物质排放账户、国内未使用开采账户、隐藏流的贸易平衡账户、存量净增账户、物质需求总量账户和物质消耗总量账户中涉及的主要指标进行了实证测算，核算期为 2004 ~ 2015 年。

一、物质投入类指标

（一）直接物质投入

直接物质投入账户的主要测算指标是直接物质投入，直接物质投入是经济系统直接投入的各类物质量的汇总，从自然界中直接获取，可能直接用于生产和消费过程，是直接参与经济活动的物质流，是国内开采、进口和再生利用物质总量三项之和。在实证分析中，国内开采中的化石燃料项的测算对象主要包括原煤、石油和天然气，对于以体积度量的天然气数据，近似按照天然气的密度 0.75kg/m^3 进行质量折算。矿物原料主要包括金属矿物、工业原料和建筑材料三项，其中矿物考察了主要金属矿石的开采量和部分非金属矿产资源的开采量，工业原料主要考察了原盐、黏土、砂石的国内开采量，建筑材料包括沙砾、碎石、砖土、石材等。生物性物质主要考察了农、林、渔业的产量数据，其中木材的密度①按 540kg/m^3

① 各种木材密度因树种等相关影响因素的不同而有较大差异，变动范围一般在 440 ~ 570kg/m^3 之间，平均值为 540kg/m^3。

计算。进口数据来源于海关统计的各种物质的进口量①，再生利用物质总量利用工业固体废弃物综合利用量②以及中国物资再生协会、中国再生资源回收利用协会、中国钢铁工业协会、中国有色金属工业协会、中国造纸协会等有关行业协会提供的统计数据综合测算得到，个别年份无法获得的数据以线性插补法估算得到。表4－14给出了2004～2015年我国直接物质投入账户相关项目的指标值。

表4－14　　2004～2015年直接物质投入账户相关指标测算　　单位：百万吨

年份	国内开采((4)=(1)+(2)+(3))			进口	再生利用物质总量	直接物质投入
	化石燃料项	矿物原料项	生物性物质			
	(1)	(2)	(3)	(5)	(6)	(7)=(4)+(5)+(6)
2004	1973.32	3272.42	787.19	1302.00	362.45	7697.37
2005	2114.74	3348.77	812.68	1566.90	378.81	8221.90
2006	2193.29	3777.51	850.03	1828.30	388.67	9037.79
2007	2284.96	4099.35	871.35	2057.00	381.51	9694.18
2008	2470.93	4387.85	928.19	2315.90	397.34	10500.21
2009	2590.50	4421.60	920.81	2369.10	408.63	10710.64
2010	2779.49	4544.53	944.53	2414.30	439.75	11122.61
2011	2982.92	4760.53	980.53	2683.50	472.71	11880.19
2012	3099.25	5013.61	1019.51	2329.80	553.59	12015.77
2013	3213.12	5306.90	1041.04	2816.30	642.79	13020.16
2014	3283.16	5464.02	1045.01	3513.90	723.93	14030.02
2015	3354.72	5711.79	1048.97	3915.30	810.44	14841.22

如表4－14所示，2015年我国的直接物质投入达到148.41亿吨，其中国内开采量占到直接物质投入总量的80%左右，国内开采量中又以化石燃料和矿物原料的开采量为重。自2004年以来，我国直接物质投入呈现

① 进口物质总量由中国统计年鉴中的进口主要货物数量数据汇总计算得到。

② 工业固体废弃物综合利用量是指报告期内企业通过回收、加工、循环、交换等方式，从固体废物中提取或者使其转化为可以利用的资源、能源和其他原材料的固体废物量。

不断上涨的趋势，直接物质投入的年均增长率达6.15%，2012年以后的增幅又明显较2012年以前有所提高。进口物质量占直接物质投入总量的比重一直在上升，由2004年的16.91%提高至2015年的26.38%。

（二）国内物质消耗

国内物质消耗是直接物质投入与出口的差，测度了一国或一地区在一定时期内实际消耗的物质总量，其中出口数据来源于海关统计的各种物质出口量，但还不能涵盖出口总量的全部，只对可得数据的部分进行分析。表4－15给出了2004～2015年我国国内物质消耗账户相关项目的指标值。如表4－15所示，2004～2015年间国内物质消耗的平均增长率为6.76%，显示出与直接物质投入相似的发展态势，2004～2012年呈现比较平缓的发展趋势，2012年以后增长趋势明显加快，2015年我国的国内物质消耗达到181.92亿吨。

表4－15　2004～2015年国内物质消耗账户相关指标测算　单位：百万吨

年份	直接物质投入	出口	国内物质消耗
	(7)	(8)	(9)＝(7)＋(8)
2004	7697.37	1158.49	8855.86
2005	8221.90	1360.85	9582.75
2006	9037.79	1593.62	10631.41
2007	9694.18	1827.70	11521.88
2008	10500.21	1980.11	12480.32
2009	10710.64	2203.37	12914.01
2010	11122.61	2265.96	13388.57
2011	11880.19	2026.01	13906.20
2012	12015.77	2230.49	14246.26
2013	13020.16	3060.93	16081.09
2014	14030.02	3156.91	17186.93
2015	14841.22	3350.96	18192.18

（三）物质需求总量

物质需求总量项目主要用来反映一定时期内经济系统从自然环境中输入的全部物质流。从国家的角度来讲，是由一国经济系统的物质总投入和与进口有关的隐藏流两部分构成，也即各项国内开采以及伴随的隐藏流、进口以及伴随的隐藏流和再生资源利用总量之和。表4－16给出了我国2004～2015年物质总需求账户相关项目的指标取值。

表4－16　　2004～2015年物质需求总量账户相关指标测算　　单位：百万吨

年份	直接物质投入	国内未使用开采	与进口有关的隐藏流	物质总需求
	(7)	(19)	(20)	(23)＝(7)＋(19)＋(20)
2004	7697.37	49991.66	3369.74	61058.77
2005	8221.90	55398.87	4069.84	67690.61
2006	9037.79	63057.92	4938.87	77034.58
2007	9694.18	69108.66	5979.57	84782.41
2008	10500.21	75855.83	6513.92	92869.96
2009	10710.64	78970.67	6972.45	96653.76
2010	11122.61	80633.46	6925.46	98681.53
2011	11880.19	76895.71	6779.62	95555.52
2012	12015.77	81637.03	6581.92	100234.72
2013	13020.16	85796.73	7430.75	106247.64
2014	14030.02	90316.88	7586.75	111933.65
2015	14841.22	95159.34	7406.38	117406.94

如表4－16所示，2004～2015年我国物质总需求呈现出不断增长的趋势，年均增长率为6.12%，2015年我国物质需求总量达到1174.07亿吨。从结构上看，国内未使用开采一直占物质总需求80%以上的比重，而在国内未使用开采中，建筑土方及河流疏浚的比重约为70%。不难看出，我国物质总需求受国内基本建设总量的影响最大。实际上，国内未使用开采在很大程度上取决于直接物质投入总量

的大小，因为国内未使用开采是直接物质投入总量中国内开采的生态包袱。2004～2015 年我国直接物质投入占物质总需求的比重在 10%左右，与进口有关的隐藏流占物质总需求的比重较小，一直在 10%以下。

（四）物质总投入和国内物质需求总量

物质总投入是指经济系统的总物质投入量，包括各类直接物质投入和间接物质投入，具体包括直接物质投入和国内未使用开采量（隐藏流，或称生态包袱），用以反映一国经济系统对本国自然资源以及对来自外国的进口直接物质的总量耗费情况。如表 4－17 所示，物质总投入在 2004～2015 年呈现不断增长的发展趋势，年均增长率为 6.04%，2015 年我国经济系统的物质总投入为 1100.01 亿吨。

表 4－17　　2004～2015 物质总投入和国内物质需求总量测算　　单位：百万吨

年份		2004	2005	2006	2007	2008	2009
物质总投入	(25)＝(7)＋(19)	57689.03	63620.77	72095.71	78802.84	86356.04	89681.31
国内物质需求总量	(26)＝(23)－(8)－(21)	56946.49	62827.27	71266.80	78315.31	86001.61	89316.22
年份		2010	2011	2012	2013	2014	2015
物质总投入	(25)＝(7)＋(19)	91756.07	88775.90	93652.80	98816.89	104346.90	110000.56
国内物质需求总量	(26)＝(23)－(8)－(21)	90953.60	87739.83	91863.61	96680.89	101896.73	106921.73

国内物质需求总量是在物质需求总量指标的基础上扣除出口以及与出口有关的隐藏流后得到的指标。出口以及与出口有关的隐藏流可以看成是别国经济系统对自然环境系统的影响。国内物质需求总量主要用来反映应用在本国经济系统中的直接物质投入以及伴随的隐藏流总量，单

纯考察一国经济发展对环境造成的总影响。由于出口以及与出口有关的隐藏流相对于物质需求总量来讲规模很小，因此国内物质需求总量与物质需求总量呈现出相似的发展态势。

二、物质排放类指标

（一）国内直接物质排放

国内直接物质排放账户主要核算一个国家或地区在一定时期内向自然界排放的废物总量，主要包括各种可回收或不可回收的固体污染物、液体和气体排放物以及各种耗散性损失等。在实证测算中，废弃物与污染排放主要由工业二氧化硫排放量、生活二氧化硫排放量、工业烟尘排放量、生活烟尘排放量、工业粉尘排放量、工业废水中化学需氧量排放量、工业废水中氨氮排放量、生活污水中化学需氧量排放量、生活污水中氨氮排放量以及工业固体废物产生量和生活垃圾清运量数据汇总得到。而耗散性使用与损失中的基础设施腐蚀、风化等数据难以统计，具体核算中只简单用农用化肥施用量代替。国内直接物质排放指标就是废弃物及污染排放与耗散性使用与损失二者之和。表4－18给出了国内直接物质排放账户相关项目在2004～2015年的指标值。

表4－18　2004～2015年国内直接物质排放账户相关指标测算　单位：百万吨

年份	废弃物及污染排放	耗散性使用与损失	国内直接物质排放
	（11）	（12）	（13）＝（11）＋（12）
2004	2109.09	46.37	2155.46
2005	2341.24	47.66	2388.90
2006	2503.13	49.28	2552.41
2007	2600.05	51.08	2651.13
2008	2839.70	52.39	2892.09
2009	3123.67	54.04	3177.71

续表

年份	废弃物及污染排放	耗散性使用与损失	国内直接物质排放
	(11)	(12)	(13) = (11) + (12)
2010	3166.65	55.62	3222.27
2011	3483.31	57.04	3540.35
2012	3549.94	58.39	3608.33
2013	3535.85	59.12	3594.97
2014	3523.16	59.96	3583.12
2015	3904.72	62.28	3633.36

如表4－18所示，2004～2015年我国国内直接物质排放呈现不断上升的趋势，年均增长率为4.86%，2015年我国国内直接物质排放总量达到36.33亿吨。由于耗散性使用与损失主要用农用化肥施用量代替，各年的使用量都较为稳定，所以国内直接物质排放与废弃物及污染物排放呈现非常相似的发展态势。总的来看，从2010年开始，国内直接物质排放的年增速度明显放缓。

（二）国内未使用开采

国内未使用开采主要用来核算一个国家或地区在一定时期内为了获得有用物质而必须开采或搬运的物质量，这些物质量虽然并未进入流通领域，却对自然环境产生了巨大的影响。在实证过程中，主要对开采能源和矿物导致的未使用开挖量、生物收获的未使用部分、建筑土方及河流疏浚进行了测算。由于我国缺乏有关生态包袱系数的系统测算数据，因此在研究中主要借鉴德国Wuppertal研究所提供的全球生态包袱平均比率来估算我国的未使用开采总量，也参考了日本、美国等国测算的隐藏流系数。其中建筑土方及河流疏浚项主要考察了水泥生产量的生态包袱、基础设施建设挖方量以及我国每年的水土流失规模数据。表4－19给出了国内未使用开采账户相关项目在2004～2015年的指标值。

表 4 - 19　　2004 ~ 2015 年国内未使用开采账户相关指标测算　单位：百万吨

年份	开采能源的未使用开挖量	开采矿物的未使用开挖量	生物收获的未使用部分	建筑土方及河流疏浚	国内未使用开采量
	(15)	(16)	(17)	(18)	(19) = (15) + (16) + (17) + (18)
2004	11053. 57	1039. 42	2948. 45	34950. 23	49991. 66
2005	11618. 53	1118. 08	3244. 92	39417. 34	55398. 87
2006	12510. 91	1329. 39	3600. 67	45616. 96	63057. 92
2007	12200. 37	1515. 93	3983. 83	51408. 53	69108. 66
2008	13108. 97	1747. 67	4129. 86	56869. 32	75855. 83
2009	13308. 09	1887. 11	4094. 21	59681. 25	78970. 67
2010	14132. 28	2290. 50	4129. 86	60080. 82	80633. 46
2011	14879. 36	2698. 03	4278. 41	55039. 91	76895. 71
2012	17545. 56	3337. 18	4534. 07	56220. 22	81637. 03
2013	20257. 51	4246. 91	4844. 45	56447. 86	85796. 73
2014	22403. 76	5192. 79	5004. 77	57715. 55	90316. 88
2015	24100. 87	6263. 18	5281. 66	59513. 63	95159. 34

如表 4 - 19 所示，2004 ~ 2015 年国内未使用开采呈现不断增长的态势，年均增长率为 6. 03%，只有个别年份出现过微小幅度的下降（2011 年），2015 年我国国内未使用开采总量达到 951. 59 亿吨。从国内未使用开采量的结构来看，建筑土方及河流疏浚一直占国内未使用开采总量 70% 左右的比重，开采能源的未使用开挖量的比重也较为稳定，约为国内未使用开采总量的 20%，开采矿物的未使用开挖量和生物收获的未使用部分所占比重较小。另外，在开采能源的未使用开挖量中占绝大多数比重的是原煤开采引起的生态包袱，这主要因为我国原煤的开采量及其生态包袱系数取值都较大。在国内化石燃料开采总量中，原煤所占的比重一直保持在 90% 左右，且原煤开采的生态包袱系数也远远超过原油和天然气的生态包袱系数。在实证测算中，取原煤的生态包袱系数为 6t/t，而原油和天然气的生态包袱分别为 1. 22t/t 和 1. 66t/t。

（三）国内总排放、物质直接排放量和物质总排放量

国内总排放是国内直接物质排放和国内未使用开采量的总和，是考虑了隐藏流以后的经济系统向自然环境的总排放量。物质直接排放量是国内直接物质排放和出口的总和，反映排放到本国经济系统以外的，也即排放到自然界以及流向国外的直接物质总量。物质总排放量是国内总排放和出口的总和，是在考虑了隐藏流影响后的排放到本国经济系统外的物质总量。图4－20展示了国内总排放、物质直接排放量以及物质总排放量在2004～2015年的基本发展态势。

表4－20　　2004～2015年国内总排放等指标测算　　单位：百万吨

年份		2004	2005	2006	2007	2008	2009
国内总排放	(27)＝(13)＋(19)	52147.12	57787.77	65610.33	71759.79	78747.92	82148.38
物质直接排放量	(28)＝(13)＋(8)	3313.95	3749.75	4146.03	4478.83	4872.20	5381.08
物质总排放量	(29)＝(27)＋(8)	53305.61	59148.62	67203.95	73587.49	80728.03	84351.75
年份		2010	2011	2012	2013	2014	2015
国内总排放	(27)＝(13)＋(19)	83855.73	80436.06	85245.36	89391.70	93900.00	98792.70
物质直接排放量	(28)＝(13)＋(8)	5488.23	5566.36	5838.82	6655.90	6740.03	6984.325
物质总排放量	(29)＝(27)＋(8)	86121.69	82462.07	87475.85	92452.63	97056.91	102143.70

国内总排放和物质直接排放量都是考虑了隐藏流影响的物质排放类指标，是衡量社会经济发展对资源环境影响的重要指标，区别在于是否将出口作为经济系统对外的排放项看待。由于出口项目的规模较小，因此物质总排放与国内总排放的发展趋势非常接近。2015年物质总排放量达到1021.44亿吨，国内总排放为987.93亿吨。值得注意的是，由于物质总投入、国内物质需求总量、国内总排放、物质总排放量中均包含国

内未使用开采，而国内未使用开采因为规模很大，在上述指标中占有相当大的比重，因此使这些指标的发展态势非常接近。另外，物质直接排放量是没有考虑隐藏流影响但将出口作为经济系统排出项目的直接物质排放类指标，其在2004～2015年间呈现较快的增长态势，年平均增长速度为7.01%，与国内直接物质排放的发展态势较为相似。

三、物质消耗类指标

（一）物质存量净增

物质存量净增指标用来反映一个国家或地区在一定时期内经济系统物质存量的增加情况。依据质量守恒定律，物质存量净增等于国内物质消耗与国内直接物质排放之差。表4－21给出了存量净增账户相关项目在2004～2015年的指标值。

表4－21　2004～2015年存量净增账户相关指标测算　单位：百万吨

年份	国内物质消耗	国内直接物质排放	物质存量净增
	(9)	(13)	(14)＝(9)－(13)
2004	8855.86	2155.46	6700.40
2005	9582.75	2388.90	7193.85
2006	10631.41	2552.41	8079.00
2007	11521.88	2651.13	8870.75
2008	12480.32	2892.09	9588.23
2009	12914.01	3177.71	9736.30
2010	13388.57	3222.27	10166.30
2011	13906.20	3540.35	10365.85
2012	14246.26	3608.33	10637.93
2013	16081.09	3594.97	12486.12
2014	17186.93	3583.12	13603.81
2015	18192.18	2155.46	16036.72

如表4－21所示，2004～2015年我国国内物质存量净增呈现不断上升的趋势，年均增长率为8.26%，2015年我国国内物质存量净增为160.47亿吨。由于国内直接物质排放占国内物质消耗的比重较小，大约为国内物质消耗的20%，因此物质存量净增的发展态势同国内物质消耗的发展态势非常类似，都在2010年以后呈现出明显的上扬趋势，即近年来我国经济系统中的物质存量以较快的速度不断增长。由于物质存量中以基础设施、建筑、机器设备等为主，因此测算结果也比较符合我国近年来固定资产投资不断增长的现实情况。

（二）实物贸易差额

实物贸易平衡账户主要用实物贸易差额来反映一个国家或地区在一定时期内经济系统实物贸易的盈余或赤字情况，实物贸易差额等于进口项目和出口项目之差。实物贸易差额为正，表示经济系统实现了贸易盈余，实物贸易差额为负则为贸易赤字。表4－22给出了2004～2015年我国实物贸易平衡账户相关项目的指标值。如表4－22所示，自2004年以来，我国一直维持着实物贸易盈余状态，2004～2015年实物贸易盈余的年均增长率为11.27%，维持了较高的增长速度，但期间经历了几次大的波动。

表4－22　2004～2015年实物贸易平衡账户相关指标测算　单位：百万吨

年份	进口	出口	实物贸易差额
	(5)	(8)	(10)=(5)-(8)
2004	1302.00	1158.49	143.51
2005	1566.90	1360.85	206.05
2006	1828.30	1593.62	234.68
2007	2057.00	1827.70	229.30
2008	2315.90	1980.11	335.79
2009	2369.10	2103.37	265.73
2010	2414.30	2265.96	148.34

续表

年份	进口	出口	实物贸易差额
	(5)	(8)	(10) = (5) - (8)
2011	2583.50	2226.01	357.49
2012	2629.80	2230.49	399.31
2013	2816.30	2460.93	355.37
2014	3013.90	2556.91	456.99
2015	3215.30	2750.96	464.34

需要说明的是，实物贸易差额难以反映对外贸易真实的生态环境代价，因为不同物质对资源环境的影响大小是有较大差异的，因此需要通过计算各种进出口物质造成的生态包袱，对隐藏流贸易平衡账户的相关指标展开深入的分析，以考察我国是否存在生态贸易赤字问题。

（三）隐藏流贸易平衡

隐藏流贸易平衡是与进口有关的隐藏流和与出口有关的隐藏流二者之差，由于隐藏流衡量了国际贸易中实物产品中蕴含的资源环境代价，因此隐藏流贸易平衡取正值，则表示发生了生态贸易盈余，否则为生态贸易赤字。可见，隐藏流贸易平衡项目从环境保护的角度，有效地衡量了国际贸易中各国的生态环境代价。表 4 - 23 给出了我国 2004 ~ 2015 年隐藏流贸易平衡账户相关项目的指标取值，需要说明的是，与进口有关的隐藏流和与出口有关的隐藏流都是在海关统计的各种物质的实物进口、出口数据的基础上，根据各种物质的生态包袱平均系数折算得到的。在折算过程中，对进口、出口的物质采取统一的生态包袱系数，但这样的计算并不十分符合实际，因为不同国家各种物质开采的生态包袱系数会有很大的差异，特别是在我国目前的生产方式下，开采物质的生态环境代价远远高于其他发达国家，但由于数据的限制，不可能分国别进行测算。另外，对于出口的成品和半成品均按照世界资源研究所提供的成品和半成品的隐藏流系数 4t/t 计算。因此本文计算的与出口有关的隐藏流可能存在较大程度的低估，由此造成隐藏流贸易平衡项的高估，这也迫切要求我国尽快展开各项物质开采生态包袱系数的测算工作，以期更为真实客观地反映我国物质使用和消费以及对外贸易的生态环境代价。

按目前的数据及计算方法，如表4－23所示，2004～2015年我国与进口有关的隐藏流、与出口有关的隐藏流项目一直呈现增长的发展态势，尤其是与出口有关的隐藏流增速较快，近年来和与进口有关的隐藏流的差距逐渐缩小。隐藏流贸易平衡项目一直为生态贸易盈余状态，在2004～2009年的年均增长率为14.46%，在2010～2015年呈现下降的态势，但仍为生态贸易盈余状态。之所以一直出现较大规模的生态贸易盈余，关键问题在于我国各项进出口物质总量上的巨大差异。在对进出口物质按金属矿物、化石燃料、生物性物质和非金属矿物及成品和半成品的分类中，金属矿物和化石燃料的进口物质量在规模上远远大于金属矿物和化石燃料的出口物质量，而金属矿物和化石燃料的开采对生态环境的破坏影响最大，自然其生态包袱系数取值较高，直接导致了我国隐藏流贸易平衡项目一直为盈余状态。但如前所述，由于使用统一的国外权威机构设定的生态包袱平均系数，对我国与出口有关的隐藏流估计不够，这需要在以后的研究中进一步考察符合我国国情的生态包袱系数取值。

表4－23　2004～2015年隐藏流贸易平衡账户相关指标测算　单位：百万吨

年份	与进口有关的隐藏流	与出口有关的隐藏流	隐藏流贸易平衡
	(20)	(21)	(22)＝(20)－(21)
2004	3369.74	2953.79	415.95
2005	4069.84	3502.49	567.35
2006	4938.87	4174.16	764.71
2007	5979.57	4639.40	1340.17
2008	6513.92	4888.24	1625.68
2009	6972.45	5134.17	1838.28

续表

年份	与进口有关的隐藏流	与出口有关的隐藏流	隐藏流贸易平衡
	(20)	(21)	(22) = (20) - (21)
2010	6925.46	5461.97	1463.49
2011	6779.62	5789.68	989.94
2012	6981.92	6140.62	841.30
2013	7430.75	6505.82	924.93
2014	7586.75	6880.01	706.74
2015	7606.38	7134.25	472.13

（四）物质总消耗

物质总消耗指标主要用来衡量一个国家或地区的经济系统在一定时期内的物质消耗总量，即在物质需求总量中扣除为出口商品而使用的直接物质投入以及伴随的隐藏流投入，体现为本国的社会经济发展而消耗的物质总量。表4-24给出了我国2004~2015年物质消耗总量账户相关项目的指标取值。

表4-24　　2004~2015年物质消耗总量账户相关指标测算　　单位：百万吨

年份	物质总需求	出口	与出口有关的隐藏流	物质总消耗
	(23)	(8)	(21)	(24) = (23) + (8) + (21)
2004	61058.77	1158.49	2953.79	65171.05
2005	67690.61	1360.85	3502.49	72553.95
2006	77034.58	1593.62	4174.16	82802.36
2007	84782.41	1827.70	4639.40	91249.51
2008	92869.96	1980.11	4888.24	99738.31
2009	96653.76	2203.37	5134.17	103991.30
2010	98681.53	2265.96	5461.97	106409.50

续表

年份	物质总需求	出口	与出口有关的隐藏流	物质总消耗
	(23)	(8)	(21)	(24)=(23)+(8)+(21)
2011	95555.52	2026.01	5989.68	103571.20
2012	100234.72	2230.49	6540.62	109005.80
2013	106247.64	3060.93	6805.82	116114.40
2014	111933.65	3156.91	7280.01	122370.60
2015	117406.94	3350.96	7334.25	128092.20

如表4－24所示，2004～2015年我国物质总消耗呈现出不断增长的发展趋势，年均增长率为6.34%，2015年我国物质总消耗量达到1280.92亿吨。相对于物质总需求来讲，出口和与出口有关的隐藏流所占的比重过小，因此物质总消耗同物质总需求的发展趋势基本相同。

四、物质效率指标

物质投入类、物质排放类和物质消耗类指标的测算有利于认识我国社会经济系统的物质投入、物质排放及物质存储等基本情况，综合反映经济活动对资源环境造成的总影响，在总量变化的分析中反映我国循环经济的发展情况。但必须注意的是，经济系统的物质投入、物质排放等总量的变化既和循环经济的发展水平和程度紧密相关，同时也和人口总量、经济发展总量等宏观指标有着密不可分的关系，因此需要从效率和强度的角度出发，考察关键总量指标与各项宏观总量指标结合得到的效率指标，从而更加客观地反映循环经济的发展水平和程度。

（一）物质使用效率

物质使用效率指标主要用来反映单位物质投入创造的经济价值，主要的物质使用效率指标有GDP/直接物质投入、GDP/物质总投入、GDP/物质需求总量和GDP/国内物质需求总量。由于隐藏流的估计有很大的不确定性，因此以上指标中GDP/直接物质投入的分析意义最为明显。表4-25给出了各项物质使用效率指标在2004~2015年的取值情况。需要说明的是，为消除价格因素的影响，计算中使用的是按照2010年不变价计算的GDP序列。

表4-25　　2004~2015年循环经济统计测度物质使用效率指标测算

单位：元/吨

年份	GDP/直接物质投入	GDP/物质总投入	GDP/物质需求总量	GDP/国内物质需求总量
2004	2168.93	289.40	273.43	293.17
2005	2260.98	292.19	274.63	295.88
2006	2317.81	290.56	271.93	293.94
2007	2467.70	303.57	282.16	305.46
2008	2497.46	303.67	282.37	304.92
2009	2674.53	319.42	296.38	320.72
2010	2849.22	345.38	321.14	348.43
2011	2912.97	389.82	362.16	394.42
2012	3103.24	398.15	372.00	405.90
2013	3083.94	406.34	377.92	415.32
2014	3493.30	469.69	437.86	480.99
2015	3899.19	526.08	492.89	541.23

如表4-25所示，直接物质投入使用效率（即GDP/直接物质投入）在2004~2015年一直呈现较为稳定的增长态势，年均增长速度为6.15%。2015年，我国直接物质投入使用效率为3899.19元/吨，按2000年的平均汇率折算为471.01美元/吨。对比世界其他国家1996年的相关数据，我国2015年的直接物质投入使用效率是1996年英国的

31.13%、日本的20.89%、德国的35.86%、奥地利的34.58%、荷兰的49.62%[①②]。

可见，我国直接物质投入使用效率还处于非常低的水平，主要原因在于我国资源利用技术水平较低，利用的资源总量大，但相应的产出却很低。不仅资源的直接利用技术效率低，再生资源回收率和循环利用率也都处于较低的水平。这些都需要我们在循环经济的发展过程中，想方设法提高资源的综合利用效率，其中技术的提高是工作的重中之重。要通过各种财政手段激励和促进高新技术的研究、开发和利用。只有切实提高资源的利用效率，才能从源头上降低物质投入，使社会经济系统对生态系统的扰动达到最低。

如表4-25所示，GDP/物质总投入、GDP/物质需求总量及GDP/国内物质需求总量在2004~2015年一直保持着明显的上升态势，且发展趋势十分相似，年平均增速为5.5%左右。说明我国考虑了隐藏流影响的物质投入使用效率在不断提高，但相对我国这一阶段较高的经济增长速度，物质投入使用效率的增长速度还较为缓慢，需要在经济生产和生活中进一步提高各种资源的利用效率，贯彻减量化原则。

（二）物质使用强度

物质使用强度指标主要用来反映经济系统中的人均物质使用水平，本章第二节给出的物质使用强度指标主要有直接物质投入/总人口、物质总投入/总人口、物质需求总量/总人口和国内物质需求总量/总人口。同样由于隐藏流的估算问题，这里直接物质投入/总人口的分析意义最为明显。表4-26给出了各项物质使用强度指标在2004~2015年的取值情况。如表4-26所示，直接物质投入/总人口、物质总投入/总人口、物质需求总量/总人口以及国内物质需求总量/总人口等物质

---

① European communities. Material use indicators for the European Union: 1980-1997 [M]. Luxembourg: Office for Official Publications of the European Communites, German, 2001: 16-54.

② 各国GDP均为2000年不变价计算。

使用强度指标在2004～2015年除个别年份外，一直呈现较为稳定的增长态势（见表4-26）。直接物质投入使用强度的年均增长率约为5.61%，物质总投入、物质需求总量及国内物质需求总量使用强度的年均增长率约为5.5%。我国直接物质投入使用强度在2015年为10.80吨/人，对比世界其他国家，2000年美国的直接物质投入使用强度为85吨/人，英国为41吨/人，德国为72吨/人，意大利为40吨/人，日本为45吨/人。[①] 各发达国家之所以保持较高的直接物质投入使用强度，主要是由其经济发展程度和居民较高的生活水平决定的，当然这些国家直接物质投入中相当一部分是依赖进口的。如2010年我国进口物质占直接物质投入的比重约为8.6%，而同年美国为10%，英国为23.5%，日本为33.3%，意大利为39.0%。另外，如果以人均物质利用数量来反映经济发展程度和富裕程度，要达到发达国家的经济和生活水平，我国的资源投入还需快速增长。但我国的人口基数过大，资源十分有限，目前的生态环境已经非常脆弱，因此紧迫要求我们加大资源利用及循环利用效率，提高直接物质投入中再生物质总量所占的份额，并考虑如何更好地利用其他国家的优质资源，坚持走资源节约型的循环经济发展道路。

表4-26　　2004～2015年循环经济统计测度物质使用强度指标测算

单位：吨/人

年份	直接物质投入/总人口	物质总投入/总人口	物质需求总量/总人口	国内物质需求总量/总人口
2004	5.92	44.38	46.97	43.81
2005	6.29	48.66	51.77	48.05
2006	6.88	54.85	58.60	54.22
2007	7.34	59.64	64.17	59.27

① 杨建锋．我国地质环境与社会经济的物质流分析［J］．自然资源学报，2008，23（4）：553-559.

续表

年份	直接物质投入/总人口	物质总投入/总人口	物质需求总量/总人口	国内物质需求总量/总人口
2008	7.91	65.03	69.93	64.76
2009	8.03	67.20	72.43	66.93
2010	8.29	68.43	73.59	67.83
2011	8.82	65.89	70.92	65.12
2012	8.87	69.17	74.03	67.84
2013	9.57	72.62	78.08	71.05
2014	10.26	76.29	81.83	74.50
2015	10.80	80.02	85.41	77.78

（三）物质排放强度

物质排放类指标与现有的宏观总量指标结合产生的衍生指标主要包括国内直接物质排放/GDP（人口）、国内总排放/ GDP（人口）、物质直接排放量/ GDP（人口）和物质总排放量/GDP（人口），主要用来反映单位GDP（人均）的物质排放强度。表4－27和表4－28分别给出2004~2015年我国各项单位GDP物质排放量指标和人均物质排放量指标的取值情况。

表4－27　2004~2015年循环经济统计测度物质排放强度指标测算表1

单位：吨/万元

年份	国内直接物质排放/GDP	国内总排放/GDP	物质直接排放量/GDP	物质总排放量/GDP
2004	1.29	31.24	1.98	31.93
2005	1.29	31.09	2.02	31.82
2006	1.22	31.32	1.98	32.08
2007	1.11	30.00	1.87	30.76

续表

年份	国内直接物质排放/GDP	国内总排放/GDP	物质直接排放量/GDP	物质总排放量/GDP
2008	1.10	30.03	1.86	30.78
2009	1.11	28.68	1.88	29.45
2010	1.02	26.46	1.73	27.18
2011	1.02	23.24	1.61	23.83
2012	0.97	22.86	1.57	23.46
2013	0.90	22.26	1.66	23.02
2014	0.73	19.16	1.38	19.80
2015	0.63	17.07	1.21	17.65

表 4-28 2004～2015 年循环经济统计测度物质排放强度指标测算表 2

单位：吨/人

年份	国内直接物质排放/人口	国内总排放/人口	物质直接排放量/人口	物质总排放量/人口
2004	1.66	40.12	2.55	41.01
2005	1.83	44.20	2.87	45.24
2006	1.94	49.91	3.15	51.13
2007	2.01	54.31	3.39	55.69
2008	2.18	59.30	3.67	60.79
2009	2.38	61.56	4.03	63.21
2010	2.40	62.54	4.09	64.23
2011	2.63	59.70	4.13	61.20
2012	2.66	62.96	4.31	64.60
2013	2.64	65.69	4.89	67.94
2014	2.62	68.65	4.93	70.96
2015	2.64	71.87	5.08	74.31

如表4－27所示，国内直接物质排放/GDP和物质直接排放量/GDP在2004～2015年呈现相似的发展态势，均在2004～2015年保持了下降的基本趋势，国内直接物质排放/GDP的平均下降速度约为6.34%，物质直接排放量/GDP的平均下降速度约为4.42%。国内总排放/GDP和物质总排放量/GDP在2004～2015年的发展轨迹也非常相似，一直呈现不断下降的趋势，平均下降速度均约为5.3%。

如表4－28所示，国内直接物质排放/人口和物质直接排放量/人口在2004～2015年呈现出明显的上升趋势，且发展形态十分相似，国内直接物质排放/人口的平均增长速度为4.33%，物质直接排放量/人口的平均增长速度为6.47%。国内总排放/人口和物质总排放量/人口在2004～2015年也呈现持续上升的态势，平均增长速度约为5.5%，对比已有数据，1996年欧盟的人均国内总排放约为27吨，日本约为21吨，美国约为86吨①②，考虑到各国近年的人口增长缓慢，且在经济社会发展中愈来愈注重资源环境问题，预测其人均物质排放指标将呈现不断下降的基本态势。而观察我国人均物质排放指标各年的绝对取值及其发展趋势，我国在转变生产和生活方式、贯彻清洁生产和绿色消费理念，促进节能减排、推动循环经济发展的过程中还任重道远。

需要指出的是，我国各项物质排放指标与GDP对比形成的强度指标和与人口对比形成的强度指标出现了方向不同的发展态势，产生这一现象的原因主要在于近些年来我国GDP指标一直保持较快速度的增长，而人口的增长速度则较为平缓，实际应用中可根据研究需要选择合适的指标进行分析。

（四）物质消耗效率和强度

物质消耗类指标与现有的宏观总量指标结合产生的衍生指标主要

① 陶在朴著．生态包袱与生态足迹［M］．北京：经济科学出版社，2003：77－80.

② 需要说明的是，美国的人均国内总排放之所以较高，很大原因在于其进口物质的隐藏流规模庞大且人口规模较小，即对进口国的生态环境造成了很大的压力。

包括物质消耗效率和物质消耗强度两类指标。物质消耗效率主要用来反映单位物质消耗创造的经济价值，以下给出的物质消耗效率指标主要包括 GDP/国内物质消耗和 GDP/物质消耗总量。物质消耗强度则主要用来反映人均物质消耗水平，以下给出的物质消耗强度指标主要包括国内物质消耗/人口和物质消耗总量/人口。表 4 – 29 给出了 2004 ~ 2015 年我国经济系统物质流核算各项物质消耗效率和物质消耗强度指标的取值情况。

表 4 – 29　2004 ~ 2015 年循环经济统计测度物质消耗效率及强度指标测算

年份	GDP/国内物质消耗（百元/吨）	GDP/物质消耗总量（百元/吨）	国内物质消耗/人口（吨/人）	物质消耗总量/人口（吨/人）
2004	18.85	2.56	6.81	50.14
2005	19.40	2.56	7.33	55.49
2006	19.70	2.53	8.09	62.99
2007	20.76	2.62	8.72	69.06
2008	21.01	2.63	9.40	75.10
2009	22.18	2.75	9.68	77.93
2010	23.67	2.98	9.98	79.36
2011	24.89	3.34	10.32	76.87
2012	26.17	3.42	10.52	80.50
2013	24.97	3.46	11.82	85.33
2014	28.52	4.01	12.57	89.46
2015	31.81	4.52	13.23	93.18

如表 4 – 29 所示，GDP/国内物质消耗从 2004 年的 18.85 百元/吨增至 2015 年的 31.81 百元/吨，其在 2004 ~ 2015 年保持了较快速度的增长，年均增长速度约为 4.87%。GDP/物质消耗总量指标从 2004 年的 2.56 百元/吨增至 2015 年的 4.52 百元/吨，其在 2004 ~ 2015 年一直保持了稳定的增长趋势，年均增长速度约为 5.29%。

如表 4 – 29 所示，国内物质消耗/人口从 2004 年的 6.81 吨/人增至

2015 年的 13.23 吨/人，其在 2004 ~ 2015 年出现了较快速度的增长，特别是在 2012 年后，年均增长速度达到了 6.22%。物质消耗总量/人口从 2004 年的 50.14 吨/人增至 2015 年的 93.18 吨/人，其在 2004 ~ 2015 年也一直保持了稳定的增长趋势，年均增长速度约为 5.8%。

由以上分析可知，物质消耗效率指标基本上都保持了良好的增长态势，但物质消耗强度指标却未能出现理想中的下降，主要原因在于伴随着我国经济的飞速发展，物质消耗量也随之不断扩大，而人口数量相对较为稳定，所以物质消耗强度指标也出现了较为快速的增长趋势。

第四节　实证分析结论

第四章主要对经济系统物质流核算涉及的主要指标进行了实证测算，得到的主要分析结论概括如下：

1. 从经济系统物质流核算的相关总量指标的测算来看，直接物质投入在 2004 ~ 2015 年保持较快速度的增长，年均增长速度为 6.15%，国内开采量一直占直接物质投入绝大部分的比重。近年来可喜的现象是再生物质总量占直接物质投入的比重在持续上升，说明经济发展中物质循环利用的程度在不断提高。由于出口所占的比重较小，国内物质消耗与直接物质投入呈现相似的发展态势，均在 2012 年后增速明显加快。

国内直接物质排放的年均增长速度为 4.73%，明显低于直接物质投入的年均增速，其中以工业固体废物产生量和生活垃圾清运量为重。由于国内直接物质排放占国内物质消耗的比重较小，所以物质存量净增的发展态势与国内物质消耗非常类似，也反映了我国近年来固定资产投资不断增长的现实状况。

国内未使用开采是从物质角度衡量经济活动对资源环境影响的重要指标，但实证测算中由于缺乏我国自身的生态包袱系数资料，存在较大程度的估算问题。按照国际相关生态包袱平均系数测算，我国的国内未使用开采在2004～2015年基本保持增长态势，年均增长速度为6.03%，发展速度较快，且以建筑土方及河流疏浚为重。

2004～2015年，我国实物贸易差额一直为正，年均增长速度为11.27%，期间经历了几次大的波动，但总体上扬的态势短期内难以扭转。另外，对国外矿物能源的消耗和依赖程度也在不断提高。

隐藏流贸易平衡项目较实物贸易差额更能反映国际贸易中的生态环境代价，但由于在测算中对进口、出口物质按照统一的生态包袱系数计量，会导致与出口有关的隐藏流低估，由此造成隐藏流贸易平衡项目的高估问题。按目前的数据和计算方法，隐藏流贸易平衡项目在2004～2009年增长速度很快，之后呈现下降的态势，但一直处于生态贸易盈余状态。这与我国对生态环境破坏影响大的金属矿物和化石燃料的进口量明显高于出口量有关，当然，测算中并未考虑进口、出口物质量生态包袱系数的差异问题。

从反映经济系统物质总投入的物质需求总量指标来看，我国物质总需求在2004～2015年呈现不断增长的发展态势，年均增长速度为6.12%。由于出口及相关的隐藏流规模很小，从而用以反映经济系统物质消耗总量的物质总消耗指标与物质总需求呈现相似的发展态势，年均增长速度为6.34%。

另外，本章还给出了未在核算账户体系中直接出现的物质总投入、国内物质需求总量、国内总排放、物质直接排放量和物质总排放量等总量指标在2004～2015年间的发展趋势。这些指标都是从不同的考察和应用角度，在账户体系相关指标的基础上测算得到的，除物质直接排放量指标外，由于上述各项指标均包括国内未使用开采项目，且所占比重最大，因此呈现较为相似的发展趋势，主要为后续衍生指标的测算打下基础。

2. 由于各项总量指标的取值直接受到经济发展总量和人口总量的影响，因此有必要从相对指标的角度，也即从效率和强度的角度考察经济系统的物质投入、物质排放和物质消耗情况。

从物质投入的角度来看，我国物质使用效率指标（主要关注直接物质投入使用效率）在2004～2015年一直呈现较为稳定的增长态势，年均增长率为6.15%，且直接物质投入使用效率的绝对数值与其他国家相比还处于非常低的水平。物质使用强度指标（主要关注直接物质投入使用强度）在2004～2015年呈现出持续增长的发展态势，年均增长率为5.61%，这在一定程度上反映出我国人民的生活水平在不断提高。虽然与其他国家相比，我国的人均直接物质投入数量较小，但我国人口基数过大，资源环境目前又非常脆弱，因此需要我们进一步提高资源利用效率，增加再生资源利用比重，并积极利用外国的优质资源。

从物质排放的角度来看，我国单位GDP物质排放量指标在2004～2015年期间呈现出不断下降的趋势，国内直接物质排放/GDP的平均下降速度约为6.34%，物质直接排放量/GDP的平均下降速度为4.42%，国内总排放/GDP和物质总排放量/GDP也一直呈现不断下降的趋势，平均下降速度约为5.3%。人均直接物质排放量指标在2004～2015年出现了持续增长的态势，年均增长速度为4.33%，人均国内总排放、人均物质总排放指标也出现了持续上扬的态势，且绝对取值对比其他国家下降的压力很大。

从物质消耗的角度来看，我国国内物质消耗效率指标和物质消耗总量效率指标在2004～2015年均保持了较快速度的增长，物质消耗总量效率指标的年均增长速度约为4.46%，物质消耗总量效率指标的年均增长速度为5.29%。而人均国内物质消耗和人均物质消耗总量指标在2004～2015年均出现了较快速度的增长。总体来看，物质消耗效率指标基本上保持了理想的增长态势，但物质消耗强度指标却未出现下降的迹象，相反增长速度较快，导致这一现象的可能原因是我国人口数量相对稳定，而经济增速较快。

3. 从物质减量化①的角度考察，我国各项物质投入、消耗指标和物

① 物质减量化是循环经济发展的重要原则，既表现为进入经济系统中的物质投入量的减少，也包括经济系统排出到生态环境系统中废物量的减少。一般来讲，经济系统的物质输入量和输出量越少，生态环境的质量越高。

质排放指标的绝对数量于2004～2015年均在持续增加，若从相对减量化的角度考察，即某段时间内的物质消耗或排放的增长速率低于经济增长率，我国2004～2015年直接物质投入（6.15%）、国内物质消耗（6.76%）、国内未使用开采（6.03%）、物质需求总量（6.12%）、物质消耗总量（6.34%）、物质总投入（6.04%）、国内直接物质排放（4.86%）、物质总排放（6.09%）和国内总排放（5.98%）等总量指标的年均增长速度均低于这一阶段不变价GDP的平均增长速度（11.96%）。可以看出，我国物质投入、消耗以及物质排放的总量指标均符合相对减量化的要求，下一步努力的方向是争取在绝对数量方面实现规模的不断下降，降低环境总压力。而国内直接物质排放指标需要进一步关注，要积极采取各项措施控制各项污染物的排放，降低环境污染的破坏程度。

从资源循环利用的角度来看，再生利用物质总量占直接物质投入的比重由2008年的3.78%提高至2015年的5.46%，说明我国经济发展中资源的循环利用水平在不断缓慢上升。另外，我国在2004～2015年的物质投入使用效率、物质消耗效率指标一直呈增长态势，但对比GDP的平均增长速度还较为缓慢，需要在经济生产和生活中进一步提高各种资源的利用效率。

综合来看，我国目前循环经济的发展水平较低，还仅处于初级阶段，经济增长面临的资源环境压力十分巨大，循环经济的大力推进非常急迫且任重而道远。

第五章　循环经济统计测度框架的物质投入产出表（PIOT）设计

经济系统物质流核算账户体系系统刻画了经济系统内部的物质流动，核心是对环境与经济系统边界的物质输入输出进行分析，并不关心经济系统内部的物质流动。而循环经济主要依赖物质循环得以实现，正是因为物质循环，从而使经济系统从对资源的粗放利用转变为“资源—产品生产—产品消费—再生资源”的循环经济模式。为了能够清晰地展示经济系统内部的物质循环，避免将经济系统内部的物质循环“黑箱”处理，将借助物质投入产出分析工具来进行研究。希望通过物质投入产出分析，从纵横交叉的物质流动关系中找到其中最能说明问题实质的基本联系，从而详细刻画循环经济的发展状态和程度。

第一节　循环经济物质投入产出表涉及的基本分类

部门分类和物质分类直接决定了物质投入产出表的结构，下面就构建的循环经济物质投入产出框架的部门分类和物质分类做详细的阐述。

一、部门分类

在物质投入产出表研究的发展历程中，物质投入产出分析表部门分类的制定依据主要是基于物质在经济系统内的流动环节和路径。但从目前成功编制过物质投入产出表的国家经验来看，详细的部门分类在实践中往往并不可能，如 1990 年丹麦编制的物质投入产出表只涉及了三个大类部门——第一产业、第二产业和第三产业，主要的原因在于数据受限，详细部门分类下的物质流动数据难以获取。

与传统经济模式的“资源—产品—污染排放”的线性物质流动特征（如图 5－1 所示）不同，循环经济呈现的是“资源—产品—再生资源”的反馈式物质流动特征（如图 5－2 所示），在资源采掘、生产和消费之后，废弃物排放之前，废弃物的回收利用为生产和消费循环提供可用物质，这种反馈式的物质流动模式直接决定了物质在经济系统内的基本流动路径。

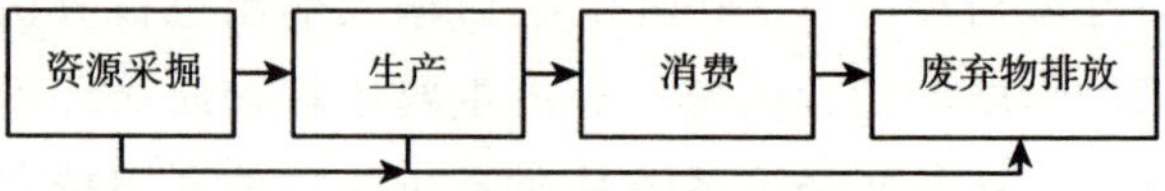

图 5－1　传统经济模式的物质流动特征

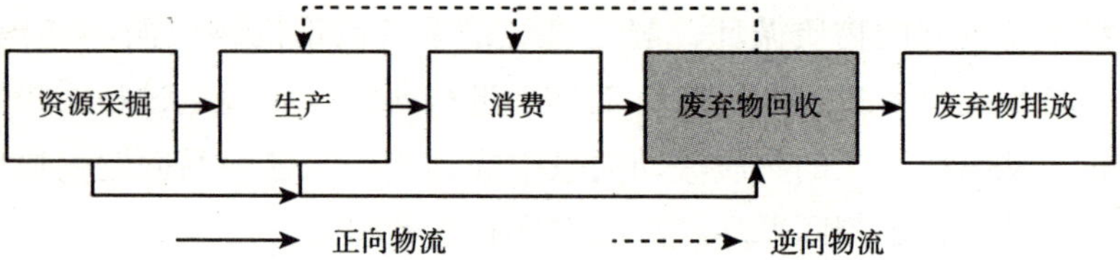

图 5－2　循环经济模式下的物质流动特征

图 5－3 给出了循环经济发展模式下物质在经济系统内的流动路径。

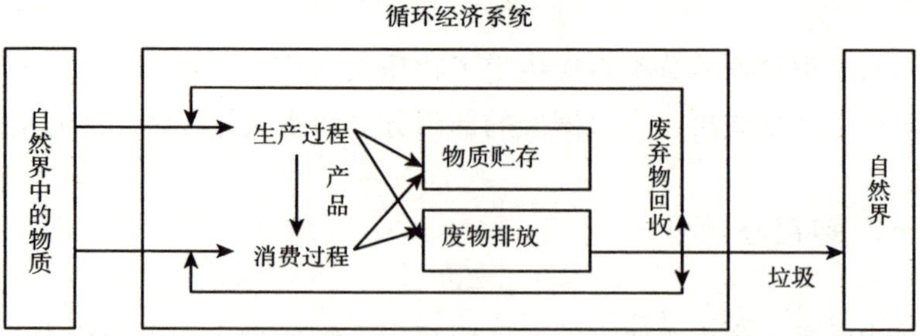

图 5－3　循环经济下物质在经济系统内的流动路径示意

从图 5 - 3 可以看出，经济系统的运行依赖于从自然界获取物质，自然界的物质经由系统边界直接用于生产或消费过程，生产过程利用自然界的输入物质生产产品，产品最终提供给消费的过程，在生产过程和消费过程中都可能产生废弃物和污染排放，也会发生物质贮存。消费过程既可能直接使用自然界的物质，如直接使用地下水，但主要是消耗生产过程提供的产品。因此从物质投入的角度，需要区分生产部门和消费部门。而生产部门及消费部门产生的废弃物，经过回收利用过程后又可作为物质投入进入生产和消费过程，因此，为了反映资源循环再利用的过程，有必要设立资源恢复部门。资源恢复部门的主要功能在于将生产过程、消费过程排放的废弃物，进行回收及再利用，在资源恢复部门回收再利用的废弃物可重新回到生产过程和消费过程，最终没能被资源恢复部门回收以及不能被再循环利用的废弃物作为垃圾被排出经济系统，进入生态环境系统。

在研究中，一方面考虑循环经济中物质在经济系统内的活动路径；另一方面考虑编制的可操作性，对部门分类采取了大类处理，主要区分生产部门、消费部门和资源恢复部门。这里生产部门、消费部门和资源恢复部门实质上类同于生产子系统、消费子系统和资源恢复子系统，三者的关系共同体现了经济系统内部的运行过程。

生产部门是指提供产品和服务给生产和消费等过程的部门，在中国 2012 年投入产出表的 139 个产品部门中，除去废弃资源和废旧材料回收加工品、生态保护和环境治理这两个产品部门，其他的 137 个产品部门均符合生产部门的定义。消费部门是对经济系统运行消费环节的概括性表征，是指生产部门提供的产品和服务的最终使用部门，消费部门最本质的特征是为满足个人或家庭需要使用产品和服务，而不是为了用于生产经营或销售等目的。消费部门也可能直接从生态系统中使用初级资源。在物质投入产出表中设立消费部门，主要原因在于消费部门是物质的主要使用者，但还需注意，消费部门也是废弃物排放的主要来源，同时也是使用循环利用资源的主要部门。资源恢复部门的主要作用是吸纳经济过程产生的废弃物及污染并进行废弃物回收利用，此部门在2012年投入产出表的139个产品部门中，主要包括废弃资源和废旧材料回收加工、生态保护和环境治理这两个产品部门，但还不止如此，理论上还应包含存在各行业内部自行处理废弃物、废弃物再利用的部分，但这部分数据较为缺乏。资源恢复部门的主要功能是将回收利用的物质又投入到经济系统的运行之中，并对生态环境进行治理，直接反映了废弃物到可再生资源的循环转化情况，因此是循环经济物质投入产出表中非常重要的部分。以上提出的资源部门、生产部门、资源恢复部门，使循环经济物质投入产出表能够完整地描述物质在经济系统中的运行过程。这样的部门分类，不仅可以清楚地反映各部门的物质来源及消耗情况，还有助于分析各部门的废弃物排放以及再生资源的利用情况，能够满足循环经济物质投入产出分析的基本目标——刻画物质在经济系统内的流动情况。

以下给出生产部门、消费部门和资源恢复部门之间的物质循环关系图，正是在物质循环关系图的基础上，构建循环经济测度的物质投入产出框架。

在图5－4中，$PL_{12}(t)$表示第t年生产环节提供给消费环节的总量；$PL_{13}(t)$表示第t年生产过程中转移到资源恢复环节的总量，如各种废弃物。$PL_{23}(t)$表示第t年消费环节转移到资源恢复环节的总量。$PL_{31}(t)$表示第t年经过处理再利用的物质重新投入生产过程的总量，$PL_{32}(t)$表示第t年经过处理再利用的物质重新投入消费环节的总量。$PL_{14}(t)$表示第t年出口的物质总量。$PL_{10}(t)$、$PL_{20}(t)$、$PL_{30}(t)$分别表示第t年生产环节、消费环节、资源恢复环节中没有经过回收利用直接排放的物质总量，如生产最终排放的固体废弃物、废气、废水等，之所以设计无害化处理环节，主要为了体现废弃物处理环节的作用，因为直接排放的物质总量并不直接等同于排入环境的废弃物总量。$S_1(k)$表示经济系统生产过程中的物质存量，$S_1(0)$表示其初始值。$S_2(k)$表示消费环节的物质存量，$S_2(0)$表示其初始值。$S_3(k)$表示在资源恢复环节的物质存量，

$S_3(0)$表示其初始值。R(t)表示第 t 年投入的初级资源总量，主要是从自然界开采的有用物质。W(t)表示第 t 年排入环境的废弃物总量。R 表示自然资源存量，E 表示环境容量。

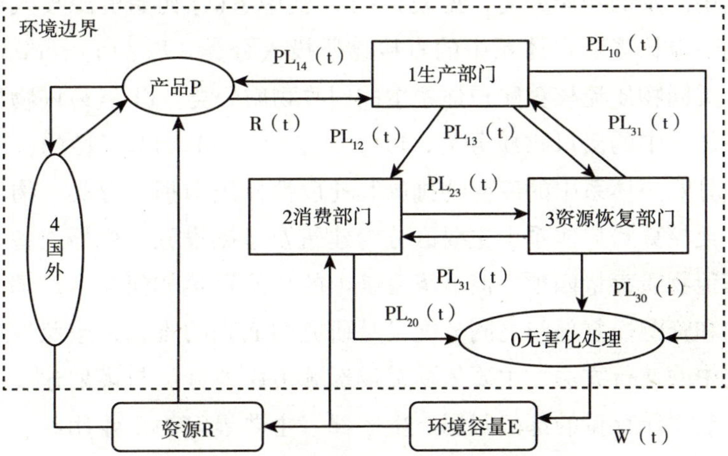

图 5－4　循环经济测度的物质循环关系

通过循环经济测度的物质循环，在此基础上构建的物质投入产出表力图完整刻画物质在经济系统内的流动情况，反映物质投入、物质排放及物质的回收利用情况。

二、物质分类

相比经济系统物质流核算账户体系，循环经济物质投入产出表中的物质核算更加困难，由于缺少微观数据，不可能像传统投入产出表中细分多个产品部门或产业部门，鉴于部门之间的物质流动难以观测，即使采取多种估算方法制表，太多的估计也会导致最终的物质投入产出表严重偏离现实，缺乏存在意义。因此在构造的物质投入产出表中，采取了大类部门的分法，尽管在测度物质流动方面粗糙一些，但更具有客观性和可操作性。

循环经济物质投入产出分析表中的物质分类与经济系统物质流核算账户中的物质分类尽量保持一致，以利于分析过程的连贯性，但也针对数据难以获取的实际情况进行了适当的调整。以下是循环经济物质投入产出表中涉及的物质分类，见表 5－1，其中 R(t)初始资源投入量的分类同物质流核算账户体系中的直接物质投入分类，$PL_{31}(t)$、$PL_{32}(t)$的物质分类同物质流核算账户体系中的回收物质分类，$PL_{14}(t)$同物质流核算账户体系中的出口物质分类，$PL_{10}(t)$、$PL_{20}(t)$、$PL_{30}(t)$的分类同物质流核算账户体系中的废弃物排放和耗散性使用与损失分类。物质存量在物质流核算账户体系中主要区分为建筑及基础设施、机器设备、耐用品和其他物质存量四项，但经济系统内的物质存量如何在生产部门、消费部门和资源恢复部门之间分配又是研究中面临的难题，按照现有生态学研究中的通行方法，主要依据建设部城市用地分类与规划建设用地标准来界定物质存量的部门归属。生产部门主要界定为工业用地、仓储用地和对外交通用地，消费部门主要界定为城乡居住用地、公共设施用地和道路广场用地，资源恢复用地主要界定为市政公用设施用地。在此分类基础上，生产部门的设备包括工业、建筑业、货运、农业等机械设备，消费部门的设备包括客运交通设备以及城乡家庭主要耐用品，资源恢复部门的设备主要包括废弃物处理设备等。

表 5－1　　物质投入产出表的物质分类

项目	分类	具体物质
$PL_{13}(t)$	化石燃料 建筑材料 还原设备 可回收物质 废弃物质	资源恢复过程中消耗的煤、石油、天然气等 资源恢复环节使用的钢材、铝材、木材、沙砾、砖土等 资源恢复过程使用的各类废弃物处理设备 同 $PL_{31}(t)$ 生产过程中排放至资源恢复环节的各类废弃物，废气、废水、固体废弃物等
$PL_{12}(t)$	化石燃料 建筑材料 食品 耐用品	消费环节消耗的煤、石油、天然气等 消费环节使用的钢材、铝材、木材、沙砾、砖土等 果蔬制品、肉禽制品、水产制品、乳制品、粮食制品等 家具、家电、家用小汽车等

续表

项目	分类	具体物质
$PL_{23}(t)$	可回收物质 废弃物质	同 $PL_{32}(t)$ 消费过程中排放至资源恢复环节的各类废弃物，废气、废水、固体废弃物等
$S_1(k)$	基础设施 设备 农业牲畜	生产用厂房、仓储房屋、道路、交通设施 生产用机械设备（工业、建筑业、货运、农业机械设备等） 牛、羊等家畜
$S_2(k)$	基础设施 设备 耐用品	居住房屋、公共设施、道路广场等 客运交通设备 家具、家电、家用小汽车等
$S_3(k)$	基础设施 设备	市政公用设施 资源恢复用设备，如废气、废水、生活垃圾处理设备等
$R(t)$	同直接输入物质分类，见表格	
$PL_{31}(t)$	同回收物质分类，见表格	
$PL_{32}(t)$	同回收物质分类，见表格	
$PL_{14}(t)$	同回收物质分类，见表格	
$PL_{10}(t)$	同废弃物排放和耗散性使用与损失分类，见表格	
$PL_{20}(t)$	同废弃物排放和耗散性使用与损失分类，见表格	
$PL_{30}(t)$	同废弃物排放和耗散性使用与损失分类，见表格	

第二节　循环经济物质投入产出表的基本假定

投入产出表要模拟经济运行的全过程，必然是要建立在一定假定基础上的，投入产出分析的相关假定是投入产出分析能够将复杂的经济活动抽象概括的基本条件。首先，传统的投入产出分析模型是以瓦尔拉斯一般均衡模型为框架基础的，因此传统投入产出分析首先是以一般均衡理论的基本假设为前提的；其次，投入产出分析也有其自身的假定，如同质性假定和比例性假定。在应用投入产出分析模型时，这些假定会约束投入产出的分析过程。以下主要介绍传统投入产出分析和循环经济物质投入产出分析的几个关键性假定，这是投入产出分析框架构造的基础性问题。

一、传统投入产出表的基本假定

对于表5-2所示的传统的投入产出表来讲，作为瓦尔拉斯一般均衡模型的简化，必然遵循瓦尔拉斯一般均衡的假定条件。一是假定市场的所有参与者都充分了解市场的完全信息；二是经济过程中没有不确定因素；三是市场均衡价格在交易达成时形成，没有虚假交易的存在；四是经济系统的参与者足够多。①

表5-2　　　　传统投入产出表的基本表式

		中间产品 1，2，…，n	最终产品	总产品
中间产品	1，2，…，n	X_{ij}（第Ⅰ象限）	Y_i（第Ⅱ象限）	X_i
最初投入		N_j（第Ⅲ象限）	（第Ⅳ象限）	
总投入		X_j		

传统的投入产出分析表本身一般主要存在两个基本假定：同质性假定和比例性假定。②

所谓同质性假定，是假定属于某一产品部门的产品，其投入（消

① 一般均衡模型是1874年法国经济学家瓦尔拉斯在他的《纯粹经济学要义》中创立的，后经帕累托、希克斯、诺伊曼、萨缪尔森、阿罗、德步鲁及麦肯齐等人加以改进和发展。一般均衡理论认为各种经济活动都可以表现为数量关系，它们相互作用、相互影响，并在一定条件下达到均衡。

② 高敏雪. 资源环境统计［M］. 北京：中国统计出版社，2004：38-39.

耗）结构是完全相同的。也就是说明一个产品部门内的所有产品具有完全替代性，而不同产品部门之间的产品不能相互替代。

这样的处理简化了对现实中各部门内部经济活动的处理，各部门都成为一个纯的生产部门，这样投入产出表行向和纵向联系具有明确的指向，行向能够反映各部门产品的使用去向，纵向反映各产品部门生产的消耗情况。由于忽略了部门内部产品生产中的技术差异，在产品概念和部门概念间建立完全对应的关系。在现实中，无论产品分类如何细致，不同的产品仍然具有不同的生产消耗结构和使用方向结构，但是，同属一大类的产品一般要比不属同一大类的产品具有更接近的投入产出结构，因此同质性假定在一定程度上存在合理性。

比例性假定，也即规模收益不变假定，假设投入产出分析各产品部门的产出和其投入之间是成正比例关系的。也就是说投入系数与生产规模无关，即使产量增加，各种消耗和投入比是相对稳定的。因此，产出和投入之间在比例性假定下具有线性关系，投入产出模型相应也为较简单的线性模型，但实际中生产和消耗之间的关系往往表现为非线性关系，更会受到随机因素的影响。

总之，同质性假定和比例性假定使所研究的复杂经济联系大大简化，保证了各部门经济联系线性关系的确定性和稳定性，有助于用比较简单的线性方程进行研究。但是也正因为线性方程过于简单，使投入产出分析不可能完全反映客观实际，使投入产出分析的应用具有一定的局限性。①

二、用于循环经济测度的物质投入产出表的基本假定

由于循环经济物质投入产出分析的特殊性，还需对其涉及的基本假定作进一步的分析。

① 平卫英．关于物质投入产出表的编制研究．统计与决策，2011（8）：8－11．

首先，对于循环经济物质投入产出表中的生产部门来讲，可以做更详细的分类。传统投入产出分析表当中的部门分类主要是产品部门分类和产业部门分类，这两种分类方式都是针对生产部门这个大范畴而言的。循环经济物质投入产出表由于实践中编制的复杂性，可以考虑将生产部门看作一个整体，这时传统投入产出分析中的同质性和比例性假定不能发挥作用，但如果能够将生产部门细化，上述的假定同样成立。

其次，对于循环经济物质投入产出表的消费部门和资源恢复部门来说，消费部门是广大消费群体的统称，这时消费部门也是作为一个整体部门出现的，但在不同时期的比较当中，必须假定消费部门的物质消费结构和物质排放结构具有相对的稳定性，在此基础上才能进行建模分析。另外，对于资源恢复部门，它更多的是一个虚构的部门，需要将现实生活中有关废弃物回收再利用的产业进行归并，有一部分还可能属于企业的内部交易，需要在国民经济核算资料中加以剥离。因此，类似地，在分析中有必要假设资源恢复部门具有相对稳定的物质消耗结构和物质排放结构。这样的假定对于循环经济物质投入产出分析建模非常重要。①

最后，假设有关物质投入产出和流转的数据是完全的，各部门的物质流转系数在一定时期（一年）内固定不变，且物质流动存在时间滞后性。

第三节　循环经济物质投入产出表的基本表式

在以上循环经济物质投入产出分析的部门分类、物质分类及相关假定的基础上，构建了如表 5 – 3 的循环经济物质投入产出表的基本表式。希望从纵横交叉的物质流动关系中反映物质在经济系统内的流动和循环

---

① 平卫英，关于物质投入产出表的编制研究，统计与决策，2011（8）：8 – 11.

情况，描述循环经济的发展情况。

表 5－3　循环经济物质投入产出表的基本表式

		生产部门	消费部门	资源恢复部门	物质存量净增	出口	物质排放	物质总产出
		1，2，…，m	1	1				
生产部门	1，2，…，m	p_{ij}^{p}	$PL_{12}(t)$	$PL_{13}(t)$	$\Delta S_1(t)$	$PL_{14}(t)$	$PL_{10}(t)$	$X_i^p(t)$
消费部门	1	0	0	$PL_{23}(t)$	$\Delta S_2(t)$	0	$PL_{20}(t)$	$X^c(t)$
资源恢复部门	1	$PL_{31}(t)$	$PL_{32}(t)$	0	$\Delta S_3(t)$	0	$PL_{30}(t)$	$X^w(t)$
初始投入		$\Delta p^{s}{}_{i}$	0	0	0	—	M	—
物质总投入		$X_i^p(t)$	$X^c(t)$	$X^w(t)$	—	—	—	M
物质投入	生物性物质 矿物原料 化石燃料	r_{ij}^{p}	r_i^c	r_i^w	r_i^s	—	—	x_i^r
物质排放	废弃物与污染排放 回收利用 未回收利用 耗散性使用与损失 耗散性使用 耗散性损失 国内隐藏流 出口及隐藏流	w_{ij}^{P}	w_i^c	w_i^w	—	—	—	x_i^w
物质存量净增	建筑及基础设施 机器设备 耐用品 其他	Δs_{ij}^{P}	Δs_i^c	Δs_i^w	—	—	—	x_i^s

如表 5 -3 所示，循环经济物质投入产出表行的方向的部门分类为：生产部门、消费部门和资源恢复部门，列的方向除了行向的三大部门外，还给出了物质的基本分类，即通过对物质投入、物质排放和物质存量三方面的考察分析各部门的物质流量及存量状况。根据这样的行列安排可以看出，循环经济物质投入产出表的主要分析功能集中在可以明确反映经济系统中部门与部门之间的物质流动以及物质在不同部门之间的流动情况，简述为“部门×部门”和“物质×部门”两大分析功能，反映在表 5 -3 的两个粗线围绕的区域，这两个区域的横向均反映物质的使用，纵向均反映物质的投入。下面将对表 5 -3 中各部分的具体含义作出解释。

1. 在“部门×部门”区域中，从行向来看：$PL_{12}(t)$表示消费部门消耗的第 i 个生产部门的物质量，$PL_{13}(t)$表示资源恢复部门在废弃物回收利用过程中消耗的第 i 个生产部门的物质量。

对于行向上消费部门与生产部门和资源恢复部门的关系，消费部门可以为生产部门、资源恢复部门提供人力资本，但由于分析的中心问题为“循环经济”的物质循环，消费部门作为单纯的物质使用部门并不能为其他部门提供物质量，因此消费部门对生产部门的物质流动可设定为 0。$PL_{23}(t)$表示消费部门向资源恢复部门提供的可供回收利用的物质量。

$PL_{31}(t)$表示第 i 个生产部门在生产过程中消耗的再生资源总量，$PL_{32}(t)$表示消费部门消耗的再生资源总量。

从纵向投入的角度看，各列分别反映生产部门、消费部门和资源恢复部门利用其他部门资源的物质投入情况，这里不再对列方向各指标的具体含义做详细介绍。

2. 在“物质×部门”区域中，从行向来看：r_{ij}^{p}表示第 j 个生产部门在生产过程中消耗的第 i 种物质投入量，r_i^c 表示消费部门直接消耗的第 i 种物质投入量，r_i^w 表示资源恢复部门在废弃物回收利用过程中消耗的第 i 种物质投入量。物质投入的分类大项分别为生物性物质、矿物原料和化石燃料，还可以根据需要做进一步细分类。

w_{ij}^{P}表示第 j 个生产部门在生产过程中排放的第 i 种物质，w_i^c 表示消费部门直接排放的第 i 种物质，w_i^w 表示资源恢复部门在废弃物回收利用过程中排放的第 i 种物质。物质排放的分类大项分别为废弃物及污染排放、耗散性使用与损失、耗费的隐藏流和出口及隐藏流，也可根据需要做进一步细分类。之所以在物质排放中考虑隐藏流，是因为隐藏流一经产生即视为经济系统对环境的影响，它与废物排放的性质一致，都对自然环境造成了影响。

Δs_{ij}^{P}、Δs_i^c 和 Δs_i^w 分别表示第 j 个生产部门在分析期末的第 i 种物质存量净增、消费部门在分析期末的第 i 种物质存量净增以及资源恢复部门在分析期末的第 i 种物质存量净增。物质存量的分类大项分别为建筑及基础设施、机器设备、耐用品和其他物质存量，也可根据需要做进一步细分类。

从纵向投入的角度看，各列分别反映生产部门、消费部门和资源恢复部门各项物质的投入以及物质排放和物质存量状况，这里不再对列方向各指标的具体含义做详细介绍。

另外，在“部门×部门”和“物质×部门”区域之外，$\Delta S_1(k)$、$\Delta S_2(k)$、$\Delta S_3(k)$分别表示生产部门、消费部门和资源恢复部门在核算期末的物质存量净增。$PL_{10}(t)$、$PL_{20}(t)$、$PL_{30}(t)$分别表示生产部门、消费部门和资源恢复部门的不可回收的物质排放量（可回收的物质排放已提供给资源恢复部门）。X_i^p、X^c和 X^w 分别表示生产部门、消费部门和资源恢复部门的物质使用总量，同时也表示生产部门、消费部门和资源恢复部门的物质投入总量。

第四节　循环经济物质投入产出表的基本分析功能

在循环经济物质投入产出表的基础上，本节将重点探讨循环经济物质投入产出表中蕴含的基本平衡关系以及其可能提供的各项分析功能。

一、循环经济物质投入产出表的基本平衡关系

（一）“部门×部门”区域的基本平衡关系

1. 行平衡关系。在社会经济结构基本稳定的前提下，如前述循环经济物质投入产出表的基本假定，直接消耗系数 $a_{ij}(t)$ 在短期内可假定为常数，直接消耗系数矩阵为：$A=\begin{bmatrix}0 & a_{12} & a_{13}\\ 0 & 0 & a_{23}\\ a_{31} & a_{32} & 0\end{bmatrix}$，由表 5－3，设 $X(t)=\begin{bmatrix}X^{P_i}(t)\\ X^{c}(t)\\ X^{W}(t)\end{bmatrix}$　$u(t)=\begin{bmatrix}u(t)\\ 0\\ 0\end{bmatrix}$

$y_i(k)$ 表示在一年的时间里，物质在经济系统中的存量以及经济排出（包括出口和废弃物排放）的物质总量，这部分物质总量将不再参与经济系统的物质循环。可表示为：

$$y_i(t)=\Delta s_i(t)+PL_{i4}(t)+PL_{i0}(t)$$

$$y(t)=\begin{bmatrix}y_1(t)\\ y_2(t)\\ y_3(t)\end{bmatrix}$$

此时行平衡关系的矩阵可表示为：

$$X(t)=AX(t)+y(t)$$

$$X(t)=(I-A)^{-1}y(t)$$

具体来看，生产部门的行平衡关系为：$PL_{12}(t)+PL_{13}(t)+\Delta S_1(t)+PL_{14}(t)+PL_{10}(t)=X_i^p(t)$，表示消费部门和资源恢复部门消耗的生产部门提供的物质总量加上生产部门的物质存量净增、出口和不可回收的物质排放量等于生产部门的物质总使用量。

消费部门的行平衡关系为：$PL_{23}(t)+\Delta S_2(t)+PL_{30}(t)=X^c(t)$，表示消费部门提供给资源恢复部门的物质量加上消费部门的物质存量净增和不可回收的物质排放量等于消费部门的物质总使用量。

资源恢复部门的行平衡关系为：$PL_{31}(t)+PL_{32}(t)+\Delta S_3(t)+PL_{30}(t)=X^w(t)$，表示生产部门、消费部门和资源恢复部门消耗的资源恢复部门提供的再生资源总量加上资源恢复部门的物质存量净增和不可回收的物质排放量等于资源恢复部门的物质总使用量。

2. 列平衡关系。列平衡关系的矩阵可表示为：

$$X(t)=A^TX(t)+u(t)$$

当 $(I-A^T)^{-1}$存在时，$X(t)=(I-A^T)^{-1}u(t)$

具体来看，生产部门的列平衡关系为：$PL_{31}(t)+u(t)=X_i^p(t)$，表示资源恢复部门为生产部门提供的物质量以及生产部门从自然界直接使用的初级资源总量，这两部分构成了生产部门的物质投入总量。

消费部门的列平衡关系为：$PL_{12}(t)+PL_{32}(t)=X^c(t)$，表示生产部门和资源恢复部门为消费部门提供的物质量总和等于消费部门的物质消耗总量。

资源恢复部门的列平衡关系为：$PL_{13}(t)+PL_{23}(t)=X^w(t)$，表示生产部门、消费部门为资源恢复部门提供的物质量总和等于资源恢复部门的物质投入总量。

（二）"物质×部门"区域的基本平衡关系

"物质×部门"区域的基本平衡关系主要体现在行向上。

物质投入项目的行平衡关系为：$r_{ij}^p+r_i^c+r_i^w=x_i^r$，表示生产部门、消费部门和资源恢复部门消耗的某种物质量（在使用的初次资源中分解得到）等于经济系统该项物质的投入总量。

物质排放项目的行平衡关系为：$w_{ij}^P+w_i^c+w_i^w=x_i^w$，表示生产部门、消费部门和资源恢复部门某类物质的排放量之和等于经济系统该项物质的总排放量。

物质存量净增项目的行平衡关系为：$\Delta s_{ij}^{P} + \Delta s_{i}^{c} + \Delta s_{i}^{w} = x_{i}^{s}$，表示生产部门、消费部门和资源恢复部门某项物质的存量净增之和等于经济系统该项物质的存储增量总和。

"物质×部门"区域的列平衡关系由于涉及各部门对其他部门的物质输出，因此单纯的"物质投入量 = 物质排放量 + 物质存量净增"的平衡关系式在部门层面不能直接照搬。

二、循环经济物质投入产出表中的各项综合分析功能

在循环经济物质投入产出表各项基本平衡关系的基础上，下面主要探讨循环经济物质投入产出表各项综合分析系数的计算问题，希望通过对各项分析系数的研究，综合反映各个部门对资源环境的利用程度以及形成的压力。

（一）"部门×部门"区域的综合分析系数

对于循环经济物质投入产出表的"部门×部门"区域，可用的分析系数有：

1. 物质消耗系数。传统投入产出分析中的直接消耗系数是指某部门生产单位产品对另一部门产品的直接消耗量，反映两个部门之间的直接依存关系。在直接消耗系数的基础上还可以计算完全消耗系数，用以反映部门间的完全依存关系，完全消耗系数是某部门生产单位最终产品对另一部门中间产品的完全消耗量，即不仅包括直接消耗，还包括各种间接消耗。对于循环经济物质投入产出分析表来讲，循环经济物质投入产出分析中的物质消耗系数类似于传统投入产出分析中的直接消耗系数。

可定义物质消耗系数矩阵：$A = \begin{bmatrix} 0 & a_{12} & a_{13} \\ 0 & 0 & a_{23} \\ a_{31} & a_{32} & 0 \end{bmatrix}$其中 $a_{ij}(t) = \dfrac{PL_{ij}(t)}{X_j(t)}$

物质消耗系数的计算非常重要，可以据此反映各部门物质投入的构成以及各部门物质在经济系统内部的使用情况。

2. 物质循环结构系数。物质循环结构系数在“部门×部门”区域内可定义为在一定技术条件下某部门物质总存量中来自另一部门物质投入量的比重。

从图5-4循环经济测度的物质循环关系，可得物质循环的差分方程：

$$
\begin{aligned}
S_1(t+1)-S_1(t) &= -PL_{10}(t)-PL_{12}(t)-PL_{13}(t)-PL_{14}(t) \\
&\quad +PL_{31}(t)+\Delta p^{s_i} \\
S_2(t+1)-S_2(t) &= PL_{12}(t)-PL_{23}(t)-PL_{20}(t)+PL_{32}(t) \\
S_3(t+1)-S_3(t) &= PL_{13}(t)+PL_{23}(t)-PL_{31}(t)-PL_{32}(t)-PL_{30}(t) \\
w(t) &= PL_{10}(t)+PL_{20}(t)+PL_{30}(t)
\end{aligned}
\qquad (5-1)
$$

假定物质消耗系数在一定时期内（如一年）内固定不变，则可计算物质直接消耗系数为：

$$
g_{ij}(t)=\frac{PL_{ij}(t)}{s_j(t)} \qquad g_{ii}(t)=\sum_{i=0\ 1\neq i}^{4} g_{il}(t)
$$

$$
\begin{aligned}
s_1(t+1) &= [1-g_{11}(t)]s_1(t)+g_{12}(t)s_2(t)+g_{13}(t)s_3(t)+\Delta p^{s_i} \\
s_2(t+1) &= g_{21}(t)s_1(t)+[1-g_{22}(t)]s_2(t)+g_{23}(t)s_3(t) \\
s_3(t+1) &= g_{31}(t)s_1(t)+g_{32}(t)s_2(t)+[1-g_{33}(t)]s_3(t) \\
w(t) &= g_{10}(t)s_1(t)+g_{20}(t)s_2(t)+g_{30}(t)s_3(t)
\end{aligned}
\qquad (5-2)
$$

设 $G(t)=\begin{bmatrix} 1-g_{11}(t) & g_{12}(t) & g_{13}(t) \\ g_{21}(t) & 1-g_{22}(t) & g_{23}(t) \\ g_{31}(t) & g_{32}(t) & 1-g_{33}(t) \end{bmatrix}$，$H=\begin{bmatrix} 1 & 0 & 0 \\ 0 & 1 & 0 \\ 0 & 0 & 1 \end{bmatrix}$

$$
D(t)=\begin{bmatrix} g_{10}(t) \\ g_{20}(t) \\ g_{30}(t) \end{bmatrix}^T \qquad u(t)=\begin{bmatrix} \Delta p^{s_i} \\ 0 \\ 0 \end{bmatrix}^T
$$

式（5－2）的矩阵表达为：

$$\begin{aligned} S(t+1) &= G(t)S(t) + Hu(t) \\ w(t) &= D(t)S(t) \end{aligned} \tag{5-3}$$

式（5－3）的通解可表示为：

$$S(t) = G^{t}S(0) + \sum_{1=0}^{t-1} G^{k-1-1}Hu(t)$$

其中，

$$G = \begin{bmatrix} 1-g_{11} & g_{21} & g_{31} \\ g_{12} & 1-g_{22} & g_{32} \\ g_{13} & g_{23} & 1-g_{33} \end{bmatrix}$$

3. 物质存量的减量化倍数。如图 5－4 所示的循环经济物质循环系统中，系统经过 t 期的运行后，系统结构 G 将发生变动，形成的新的系统结构记为 G′，相对于原来的物质存量积累特征，新的存量可能表现为增加或减少，物质存量的减量化倍数就是用来度量这种变化的程度。

如式（5－3）所示，假设原有的物质循环系统 $X(t+1) = G(t)X(t) + Hu(t)$ 在第 t 年变为 $X'(t+1) = G'(t)X'(t) + Hu'(t)$，则各部门在第 t 年之后 n 年考察期的物质存量减量化倍数为：

$$MSR_{i}(n) = \sum_{1=t}^{1=t+n} \frac{x'(1) - x(1)}{x(1)}$$

整个循环经济物质循环系统的物质存量减量化倍数为：

$$MSR(n) = \sum_{i=1}^{i=3} \frac{\overline{X}'_{i}}{e^{T}\overline{X}'} MSR_{i}(n)$$

其中，

$$e^{T}\overline{X}' = \sum_{j=1}^{j=3} \overline{X}'_{j} = \sum_{j=1}^{j=3} \frac{\sum_{j=1}^{j=3} X(1)'_{j}}{n}$$

各部门的物质减量化倍数 $MSR_i(n)$ 度量了循环经济物质循环系统在系统结构变化 n 年后相比之前的物质增加或减少总量，整个系统的物质存量减量化倍数是各部门物质减量化倍数以各部门物质存量为权重的加权平均数。由以上界定可知，物质存量减量化倍数的绝对值越大，说明结构变化引起的物质减量化程度越高。

4. 物质循环效率。在循环经济物质投入产出表中：

$$X(t) = AX(t) + y(t)$$

当 $(I-A)^{-1}$ 存在时，$X(t) = (I-A)^{-1}y(t) = (I-A^T)^{-1}u(t)$

在以上投入产出关系的基础上，通过物质投入在各部门间的流量反映经济系统物质流量的循环效果，定义为物质循环效率。

对于第 k 期的 $X(t) = AX(t) + u(t)$，各部门的物质循环效率可定义为：

$$MCE_i(t) = \frac{x_i(t) - u(t)}{u(t)} = \frac{x_i(t)}{u(t)} - 1$$

整个循环经济物质循环系统的物质循环效率为：

$$MCE(t) = \sum_{i=1}^{i=3} \frac{\overline{X}_i}{e^T\overline{X}} MCE_i(t)$$

其中，

$$e^T\overline{X} = \sum_{j=1}^{j=3} \overline{X}_j = \sum_{j=1}^{j=3} \frac{\sum_{l=1}^{l=p} x_j(l)}{n}$$

通过物质循环效率的测算，可以分析投入经济系统的物质在经济系统的循环利用率，物质循环效率越大，表明各部门或者整个经济系统的循环利用效率越高。

5. 结构分解分析。在投入产出分析模型中，结构分解分析（Structural Decomposition Analysis，SDA）通过对关键参数变动的比较静态分析，寻找引起变动的原因，是目前投入产出分析领域常见的一种分析方法。具体的做法是将系统中的某个变量进行分解，分解为相关的各独立变量变动的和，分析每个独立变量对原变量变动贡献的大小。

假设因变量 W 取决于 X 和 Y 的影响，有 $W = XY$，则变量 W 在 (0，t) 的时间段里的变动可以分解为：

$$\Delta W = W^t - W^0 = X^tY^t - X^0Y^0 = Y^0\Delta X + X^0\Delta Y + \Delta X\Delta Y$$

这里 $Y^0\Delta X$ 是 X 引起 W 变动的效应，$X^0\Delta Y$ 是 Y 引起 W 变动的效应，$\Delta X\Delta Y$ 是分解残差，代表了 X 与 Y 交互变动对 W 的影响。在完全分解模型中，将 X 与 Y 交互变动对 W 的影响 $\Delta X\Delta Y$ 平均分配到各独立变量的效应中，进一步提高了分解的精确度。

采用结构分解分析方法分析导致物质流量变化的原因及其效应。由物质投入产出分析表的行平衡关系为：

$$X(t) = AX(t) + y(t)$$

$$X(t) = (I - A)^{-1}y(t) = By(t)$$

$$\begin{aligned} X(2) - X(1) &= B(2)y(2) - B(1)y(1) \\ &= [B(2) - B(1)]y(1) + B(1)[y(2) - y(1)] \\ &\quad + [B(2) - B(1)][y(2) - y(1)] \end{aligned}$$

即：

$$\Delta X = \Delta By(2) + B(1)\Delta y + \Delta B\Delta y$$

将 $\Delta B\Delta y$ 合并到各影响变量的效应中去，有：

$$\Delta X = \frac{1}{2}\Delta B[y(1) + y(2)] + \frac{1}{2}[B(1) + B(2)]\Delta y$$

其中，

$$\begin{aligned} \Delta B = B(2) - B(1) &= B(2)[(I - A^T(1)) - (I - A^T(1))]B(1) \\ &= B(2)\Delta A^TB(1) = B(1)\Delta A^TB(2) \end{aligned}$$

循环经济物质投入产出表中，物质使用去向流量变化主要可以归结

为存量增加 Δs、出口 Δe、废弃物排放 Δp 三部分，因此结构分解模型进一步可以表示为：

$$
\begin{aligned}
\Delta X &= \frac{1}{2}[B(2)\Delta A^T B(1)y(1) + B(1)\Delta A^T B(2)y(2)] \\
&\quad + \frac{1}{2}[B(1) + B(2)]\Delta y \\
&= \frac{1}{2}[B(2)\Delta A^T X(1) + B(1)\Delta A^T X(2)] + \frac{1}{2}[B(1) \\
&\quad + B(2)]\Delta s + \frac{1}{2}[B(1) + B(2)]\Delta e + \frac{1}{2}[B(1) + B(2)]\Delta p
\end{aligned}
$$

由此可将各部门的物质使用去向流量变化分解为消耗结构影响、存量影响、出口影响和废弃物排放影响四个方面。

（二）"物质×部门"区域

对于循环经济物质投入产出表的"物质×部门"区域，可用的分析系数有：

1. 再生资源利用系数。循环经济物质投入产出表部门分类中的资源恢复部门的主要功能是将回收利用的废弃物经过加工处理后形成可以直接用于生产和消费等过程的物质资源。这样，资源恢复部门提供给各部门使用的再生资源量占各部门物质总投入的比重，可以定义为再生资源利用系数，用以描述各部门物质投入中再生资源的利用情况，在一定程度上可以反映该部门循环经济的发展水平和程度。按照上述定义，生产部门、消费部门和资源恢复部门的再生资源利用系数分别用 β_j^p、β^c、和 β^w 表示，其中，$\beta_j^p = W_{ij}^p / X_i^p$，$\beta^c = W_i^c / X^c$，$\beta^w = W_{ij}^w / X^w$。

2. 废物排放系数。废物排放系数是各部门的废物排放量与其物质使用总量的比重，用以反映各部门对自然环境的影响程度，用 δ_j^p、δ^c 和 δ^w 分别表示生产部门、消费部门和资源恢复部门的废物排放系数，其中 $\delta_j^p = \sum_f w_{ij}^p / X_i^p$，$\delta^c = \sum_f w_i^c / X^c$，$\delta^w = \sum_f w_i{}^w / X^w$。需要说明的是，这里涉及的废物排放主要是指循环经济物质投入产出表中物质排放大项中列出的废弃物及污染排放与耗散性使用和损失两项之和，用 $\sum_{f} w_{ij}$ 表示对各部门的废弃物及污染排放和耗散性使用和损失求和。

3. 废弃物回收利用系数。废弃物回收利用系数是各部门的废弃物及污染排放中回收利用部分所占的比重，用以考察各部门的废弃物回收利用情况。用 ϕ_j^p 、ϕ^c 和 ϕ^w 分别表示生产部门、消费部门和资源恢复部门的废弃物回收利用系数，$\phi_j^p = w_{hj}^p / \sum_{e} w_{ij}^p$ ，$\phi^c = w_{hj}^c / \sum_{e} w_i^c$ ，$\phi^w = w_{hj}^w / \sum_{e} w_i^w$。其中 $\sum_{e} w_{ij}$ 表示对各部门的废弃物及污染排放项求和，w_{hj}^p ，w_{hj}^c ，w_{hj}^w 分别表示各部门的废弃物回收利用量。

第五节　循环经济物质投入产出表的特点和应用探讨

以上设计了循环经济统计测度框架中的物质投入产出表（PIOT）的基本表式，在此基础上对循环经济物质投入产出表（PIOT）测度经济系统物质流动的特点和应用前景进行必要的分析。

一、循环经济物质投入产出分析（PIOT）框架的特点

循环经济物质投入产出分析框架与一般的投入产出分析框架的不同之处主要体现在部门分类、基本假定、表式设计和分析功能等方面，差异之处的成因主要在于两个分析框架构建思想上的显著不同。一般的投入产出分析框架是以瓦尔拉斯的一般均衡理论为基础，区分产品的投入和产品的去向，据此将投入和产出排列为一张纵横交叉的表格，据此建立数学分析模型，用以分析产品或部门间的结构和相互联系。

一般的投入产出分析框架通过对产品进行分类以及将各类企业归并为部门，反映部门间相互利用资源、提供产品的依存和制约关系，在投

入产出表格的基础上，将经济系统内部复杂的相互联系抽象成可以求解计算的应用模型。最值得称道的是投入产出分析框架中关于中间投入、中间使用的界定，使之成为投入产出分析模型的中枢。循环经济物质投入产出分析框架在设计中沿用了一般投入产出分析框架的表格形式，但也有显著的不同。循环经济物质投入产出分析框架的构建目的主要在于将经济系统内部的物质流动情况清晰地展示出来，在研究经济系统内的物质流动路径基础上设置投入产出分析的部门分类、物质分类和基本表式，投入产出分析的相关分析功能也围绕物质的使用、排放和循环利用情况展开。应该说，循环经济物质投入产出分析有效地反映了循环经济下经济系统中的物质流动关系，是投入产出分析技术在循环经济领域的崭新利用，提供了循环经济分析的新视角。

第三章第二节中详细介绍了国内外学者提出的利用投入产出分析技术反映资源利用和环境保护的若干基本思路，如表3－1和表3－2所示。与资源环境投入产出分析相比，循环经济物质投入产出分析也有着明显的区别。循环经济物质投入产出分析框架的特点主要有：

第一，循环经济物质投入产出分析框架的核心是反映物质在经济系统内部的流动路径。虽然也关注资源环境问题，但主要目的是通过对经济系统内部物质流动情况的分析，认识循环经济的发展情况以及各部门对资源环境造成的影响和压力。

第二，从部门分类来看，构造的循环经济物质投入产出分析框架从物质提供和使用的角度将经济系统粗略地划分为生产部门、消费部门和资源恢复部门，从而便于研究各部门之间的物质流动情况。另外，将物质投入、物质排放和物质存量项目纳入循环经济物质投入产出表，形成“物质×部门”的分析区域，研究不同部门的物质流动情况。而资源环境投入产出分析多是在传统投入产出分析部门分类的基础上添加资源、污染消除等部门，通过资源、污染消除等部门的设置，反映经济活动过程的资源投入和污染排放及消除过程，部门设立的目的与循环经济投入产出分析有很大的不同。

第三，循环经济物质投入产出分析对传统投入产出分析的突破更大，在传统投入产出表中，产品可以分为中间产品和最终产品，投入分为中间投入和最终投入，但循环经济物质投入产出表只考虑各部门物质的投入和使用总量，编表的思路较传统投入产出分析以及资源环境投入产出分析有很大的不同。并且特别关注再生资源的使用和废弃物的排放和回收，从而将经济系统的物质循环利用过程在投入产出分析框架中反映出来，这是资源环境投入产出分析中少有涉及的内容。

第四，循环经济物质投入产出分析还考虑了经济系统的隐藏流影响，通过对隐藏流的分析可以反映经济系统物质使用的环境影响，这是循环经济物质投入产出分析的突出特色之一。另外，由于采用物质质量的统一计量单位，相关分析较容易展开。而现有的资源环境投入产出分析一般是在传统投入产出分析的基础上，将资源环境因素引入其中，既保有了传统投入产出分析的基本平衡关系和分析模型，又便于分析经济活动与资源和环境的关系，往往采用价值量和实物量结合的计量方式，使投入产出分析的列平衡关系不复存在。

总之，循环经济物质投入产出分析由于其特有的研究目的，明显区别于传统的投入产出分析和现有的资源环境投入产出分析，是投入产出分析技术在循环经济领域的突破和发展。

二、循环经济物质投入产出分析表的应用探讨

在完成循环经济物质投入产出分析框架的理论构建后，下面主要探讨循环经济物质投入产出分析在实践应用中需要注意的一些问题。

（一）循环经济物质投入产出表编制的数据基础

循环经济物质投入产出分析在具体编制过程中面临的最大问题是数据获取非常困难。由于循环经济物质投入产出分析涉及的部门分类与现有的投入产出分析部门分类具有较大的差异，而且还增加了对物质投

入、物质排放以及物质存量各分类细项的考察，又特别关注经济系统中再生资源的投入以及废弃物的回收利用，并采取实物量的核算方式，因此在目前的统计核算资料基础上较难展开相关实证测算。

我国现有的投入产出表在编制过程中使用的主要资料来源有：国家统计局核算司编制的《投入产出调查方案》中各调查表式提供的汇总数据，国家统计局编制的《中国统计年鉴》《中国农村统计年鉴》《中国劳动统计年鉴》《工业统计年报》《建筑业统计年报》《固定资产投资统计年报》《房地产开发统计年报》《劳动统计年报》等核算资料，以及中国人民银行编制的《中国金融年鉴》、财政部编制的《中国财政统计年鉴》、国家税务总局编制的《中国税务年鉴》、教育部编制的《中国教育经费统计年鉴》、卫生部编制的《中国卫生统计年鉴》、交通部编制的《全国交通统计资料汇编》、国家林业局编制的《中国林业统计年鉴》及国家旅游局编制的《中国旅游统计年鉴》等各部委提供的专项资料。由上可见，投入产出分析是一项规模宏大、非常复杂的系统性工作。对于循环经济物质投入产出分析来说，其数据要求比传统投入产出分析更为复杂，除已有的可利用的实物核算资料外，还需在价值量核算资料的基础上进行适当变换。建议进一步丰富现有投入产出调查及相关专项调查的内容，从而为循环经济物质投入产出分析的开展提供必要的数据支持。首先，我国投入产出调查方案中应增加关于初级资源实物产出和使用的相关调查项目。目前，农、林、渔业产品及其副产品的产量数据，煤炭开采和洗选业、石油和天然气开采业、黑色金属矿采选业、有色金属矿采选业、采盐业、其他非金属矿采选业以及自来水的生产和供应业的实物产量数据都在现有的核算基础上容易获得。关于各部门的再生资源利用、废弃物回收利用，以及物质投入、物质存储、物质排放的分类数据，在目前的核算中都鲜有涉及，因此需要在基础调查表中予以反映。另外，目前消费领域的数据主要是通过抽样调查的方式取得，对于循环经济物质投入产出分析中消费部门对各部门的资源使用量，物质存储以及再生资源利用、废物排放的相关数据，都需要在统计调查中增加相关的调查内容。

（二）循环经济物质投入产出分析存在的不足之处

构造的循环经济物质投入产出分析框架也存在一些不足之处：

第一，构造的循环经济物质投入产出分析框架属于实物量核算的范畴，经济系统的物质流动是以质量单位记录的，这与经济系统物质流核算账户体系使用的单位是一致的。核算中使用的计量单位非常重要，没有统计的计量单位，相关的汇总将无法进行。例如SNA使用的统计计量单位是价值量单位，主要因为SNA核算的主要是市场经济活动，遵循市场性原则，因此价值量核算是可行的。在循环经济物质投入产出框架中，采取实物量单位汇总数据，当然避免了资源环境要素价值化的难题，但也带来了其他的一些问题。当我们把不同类别的物质进行加总时，单纯考虑质量是不完善的。不同物质的特性不同，对经济系统的作用不同，对资源环境的影响力也有很大差别，虽然有物质守恒定律做依据，但不同类别的物质质量相加，汇总成相应的总量指标仍然存在较大争议。因此在循环经济物质投入产出分析中，除对总量指标的发展走势关注之外，我们已应该注重对物质细分类项物质流量的分析，现有的一些文献往往只考虑一些特定物质流（如钢铁、水泥等，或对资源环境特别重要的物质）的测度和分析，因此特定物质流分析将作为总体循环经济物质投入产出分析的有益补充。

第二，循环经济物质投入产出分析中涉及的数据估算问题较多，使其在实践应用中开展的难度较大。循环经济物质投入产出分析中需要估算各部门隐藏流的投入总量，由于我国尚没有着手测算符合我国实际情况的生态包袱系数，循环经济物质投入产出分析中简单套用其他国家的生态包袱系数将会带来很大的不确定性。另外，对于各部门物质投入、存储以及物质排放的各项细分类数据的获取，在目前的基础数据下，也存在相当程度的估算问题。

第三，前述给出了循环经济物质投入产出表的基本平衡关系以及其可能提供的各项分析功能，但相关分析都比较简单，在实际应用中，应进一步的研究可应用相关投入产出分析模型，深入挖掘循环经济物质投入产出表的各项物质联系，考虑技术变化、政策影响等因素对经济系统物质流动的可能影响。

总之，循环经济物质投入产出分析框架在反映物质在经济系统内的流动特征方面，具有明显的优势，可作为经济系统物质流核算账户体系的有益补充。同时，循环经济物质投入产出分析也提供了对循环经济实施定量分析的有力工具，必将进一步促进循环经济实践的深入发展。但其在应用中还存在一些不足之处，需要在进一步的研究和实践中不断加以补充和完善。

第六章　基于 PIOT 的经济系统物质流动实证分析

基于第五章提出的循环经济物质投入产出表，第六章进一步将进入经济系统内部的物质按照不同的使用去向分解到各个部门，具体测算各部门的物质存量以及部门间的物质流量。对比经济系统的整体物质流核算，由于数据资料难以获取，经济系统内部的物质流动测算难度更大，需要应用更多的间接测算方法。补充说明的是，经济系统物质流动的实证分析中未对各部门的国内未使用开采（即生态包袱、隐藏流）进行测算，主要原因在于测算具有较大的主观性和不确定性。

第一节　物质存量的估算

一、物质存量的重要性及其分类

资本是生产的重要投入要素，在有关经济增长的研究中，资本无疑是非常重要的变量之一。在国民经济核算中，资本存量是资产负债核算中的关键变量，与生产、消费等方面的指标结合在一起，形成整个国民经济核算有机的宏观经济指标体系。但要获取资本存量的数据在现实中却很困难，世界上大多数国家都没有展开常规性的资本存量调查，因此资本存量的数据常常需要估算得到，普遍采取的方法是永续盘存法。我国的资本存量核算也没有有效展开，国家统计局也没有公布我国资本存量的统计数据，资本存量的估算常见于学者的研究文献中。

在物质流核算和分析中，物质存量估算也是非常重要且基础性的问题。物质存量的多寡是经济系统运行的基础性条件，直接决定着物质流动的数量和方向。对于生产部门，物质存量数据将在一定的技术和生产结构下，决定着经济系统的物质流量数据。对于消费部门，物质存量的多少决定了消费者的物质丰裕程度，也在一定程度上决定着消费者的需求水平。对于资源恢复部门，物质存量决定着可供恢复、还原的废弃物的数量。

物质存量数据如资本存量数据一样，没有现成的数据来源可供利用。因此，物质存量的估算问题是经济系统物质投入产出分析首先要解决的问题。在第四章的经济系统物质流核算账户中，物质存量只是作为核算账户的平衡项出现，而且只考虑了物质存量净增。目前的物质流核算和分析研究文献中，建议应该尽快展开有关物质存量的估算工作。

在第五章表 5－1 循环经济物质投入产出表的物质分类中，涉及的物质存量主要有四类，分别是基础设施、机械设备和耐用品以及农业牲畜，如表 6－1 所示，后续的物质存量估算将主要在表 6－1 显示的物质存量基本分类的基础上展开。

表 6－1　　物质存量的基本分类

部门	项目	分类	具体内容
生产部门	$S_1(k)$	基础设施 设备 农业牲畜	生产用厂房、仓储房屋、道路、交通设施 生产用机械设备（工业、建筑业、货运、农业机械设备等） 牛、羊等家畜
消费部门	$S_2(k)$	基础设施 设备 耐用品	居住房屋、公共设施、道路广场等 客运交通设备 家具、家电、家用小汽车等
资源恢复部门	$S_3(k)$	基础设施 设备	市政公用设施 资源恢复用设备，如废气、废水、生活垃圾处理设备等

二、物质存量估算中使用的均值系数

物质存量估算面临的关键问题是经济系统的物质存量如何在生产部门、消费部门和资源恢复部门中合理划分，考虑可操作性原则，主要依据住建部城市用地分类与规划建设用地标准，来明确各部门基础设施、机械设备以及耐用品的归属，并通过计算均值系数，由总量和均值系数相乘，得到各部门的物质存量估算值。生产部门主要涉及工业用地、仓储用地和道路与交通设施用地，涉及的物质存量主要包括生产用厂房、仓储房屋、道路、交通设施，以及生产用机械设备（工业、建筑业、货运、农业机械设备等），还包括牛、羊等家畜。消费部门主要涉及居住用地、公共管理与公共服务设施用地以及绿地与广场等，物质存量主要包括居住房屋、公共设施、道路广场等，还包括客运交通设备以及家具、家电、家用小汽车等。资源恢复部门主要涉及市政公用设施用地，物质存量包括市政公用设施、资源恢复用设备，如废气、废水、生活垃圾处理设备等。均值系数主要就基础设施和机械设备及耐用品分别计算。

1. 基础设施物质存量均值系数。基础设施物质存量均值系数主要用于反映单位面积上的物质存量，在各部门用地量的基础上，可测算各部门的物质存量指标。利用2004～2015年建筑材料的年使用量，考虑同一期间的城乡新增建成区面积，由此得出单位面积建材占用量，并在此基础上通过各部门的用地面积得到各部门的物质存量估算值。

表6－2给出了基础设施物质存量均值系数的计算过程，可以计算得出，城市基础设施物质存量均值系数为2.24吨/平方米，农村基础设施物质存量均值系数为1.52吨/平方米。

2. 机械设备及耐用品等均值系数。机械设备及耐用品等均值系数的估算思路是通过2004～2015年每年的设备制造业工业总产值（具体包括通用设备制造业、专用设备制造业、交通运输设备制造业、电气机械

表6-2 基础设施物质存量均值系数

年份	城市新增房屋建筑面积（亿平方米）	城市新增道路面积（亿平方米）	城市每年建材消耗量（亿吨）	城市每平方米消耗（吨/平方米）	农村住宅新增建筑面积（亿平方米）	农村每年建材消耗量（亿吨）	农村每平方米消耗（吨/平方米）
2004	20.98	3.73	27.78	1.12	6.8	6.21	0.91
2005	21.15	3.92	28.65	1.14	6.67	6.87	1.03
2006	11.39	1.93	32.31	2.43	6.84	7.62	1.11
2007	18.10	1.22	33.84	1.75	7.75	9.62	1.24
2008	8.26	2.88	35.40	3.18	7.82	12.79	1.64
2009	18.12	2.95	41.49	1.97	8.64	17.28	2.00
2010	19.51	3.94	48.65	2.07	9.82	17.06	1.74
2011	35.45	4.12	55.65	1.41	10.11	18.87	1.87
2012	19.63	4.49	61.11	2.53	11.58	21.56	1.86
2013	22.90	3.67	69.73	2.62	15.58	24.49	1.57
2014	19.17	3.89	82.41	3.57	15.64	25.10	1.60
2015	23.30	3.46	83.70	3.13	14.87	25.30	1.70

资料来源：中国城乡建设统计年鉴2005～2016，中国建筑业统计年鉴2005～2016，中国国土资源统计年鉴2005～2016。

及器材制造业的总产值），结合设备制造业的主要材料消耗（具体包括钢材和其他物质消耗），计算出物质生产力指标，即每吨的物质投入能创造多少产值，之后利用设备资产净值与物质生产力的关系，倒推出机械设备及耐用品等的物质存量值。

表6-3 机械设备及耐用品等均值系数

年份	设备制造业工业总产值（亿元）	通用设备制造业（亿元）	专用设备制造业（亿元）	交通运输设备制造业（亿元）	电气机械及器材制造业（亿元）	设备制造业主要材料消耗（亿吨）	物质生产力（元/吨）
2004	42670.68	10270.75	5824.81	14538.43	12036.69	18057.18	23630.87
2005	46311.95	10610.37	6085.43	15714.86	13901.29	21461.76	21578.82

续表

年份	设备制造业工业总产值（亿元）	通用设备制造业（亿元）	专用设备制造业（亿元）	交通运输设备制造业（亿元）	电气机械及器材制造业（亿元）	设备制造业主要材料消耗（亿吨）	物质生产力（元/吨）
2006	60236.51	13734.76	7953.31	20382.92	18165.52	29161.35	20656.28
2007	80173.97	18415.52	10591.98	27147.40	24019.07	37615.38	21314.15
2008	103032.98	24687.56	14521.30	33395.28	30428.84	41401.31	24886.41
2009	119634.23	27361.52	16784.40	41730.32	33757.99	45933.47	26045.11
2010	155491.61	35132.74	21561.83	55452.63	43344.41	55253.67	28141.41
2011	181819.40	40992.55	26149.13	63251.30	51426.42	66476.08	27351.10
2012	159308.70	31493.59	26403.52	59094.15	42317.44	76980.13	20694.78
2013	177900.99	35102.96	29609.08	66813.87	46375.08	88340.73	20138.05
2014	199711.89	39798.84	33724.19	73855.70	52333.16	97535.59	20475.80
2015	222654.07	42347.87	35367.74	83652.10	61286.36	115925.38	19206.67

资料来源：中国城乡建设统计年鉴 2005～2016，中国建筑业统计年鉴 2005～2016，中国国土资源统计年鉴 2005～2016。

表6－3给出了机械设备及耐用品等均值系数的计算过程，可以计算得出，机械设备及耐用品等的物质存量均值系数（也即平均物质生产力）为22843.29 元/吨。

三、物质存量的具体测算

依据表6－1物质存量的基本分类和物质存量估算均值系数，以下分别对生产部门、消费部门和资源恢复部门的物质存量规模进行测算，这些都是循环经济物质投入产出表中的重要项目。

（一）生产部门物质存量 $S_1(k)$ 规模的测算

在表6－4中，给出了生产部门物质存量 $S_1(k)$ 的估算过程，在生产部门物质存量估算中，主要包括三个部分。第一部分是城市基础设施用地，具体包括工业用地、仓储用地以及道路交通用地，利用之前测算的城市基础设施物质存量均值系数 2. 24 吨/平方米进行折算，得到 2004 ~ 2015 年的城市基础设施物质存量；第二部分是生产用机械设备，具体包括工业机械设备、建筑业机械设备、交通运输业机械设备以及农业机械设备；第三部分是农业牲畜，具体包括牛、羊等家畜。

表 6 -4　　生产部门物质存量估算

年份	城市基础设施用地（平方公里）	城市基础设施物质存量（万吨）	工业机械设备物质存量（万吨）	建筑业设备（万吨）	交通业业机械设备（万吨）	农业机械设备（万吨）	农业牲畜（万吨）	合计（万吨）
2004	10669. 60	2389990. 40	443621. 52	1066. 54	13262. 41	1961. 36	16296. 34	2866198. 57
2005	10533. 58	2359521. 92	587889. 43	1148. 78	13482. 25	2134. 20	16477. 97	2980654. 55
2006	10366. 55	2322107. 20	749387. 48	1202. 91	13193. 23	2305. 74	15925. 06	3104121. 62
2007	11023. 89	2469351. 36	759245. 41	1323. 99	13441. 04	2474. 78	16240. 64	3262077. 21
2008	11832. 62	2650506. 88	727597. 76	1508. 10	13446. 00	2825. 47	16758. 78	3412642. 99
2009	12527. 73	2806211. 53	751100. 54	1525. 63	14349. 97	2905. 67	16758. 93	3592852. 27
2010	12770. 77	2860652. 03	888691. 82	1517. 51	15290. 74	2807. 16	15919. 29	3784878. 55
2011	12999. 49	2911885. 44	1035481. 91	1569. 47	15910. 09	2950. 64	16739. 03	3984536. 58
2012	13210. 31	2959109. 97	1181958. 49	1609. 89	16268. 58	3105. 04	17090. 48	4179142. 45
2013	13406. 82	3003127. 40	1346170. 85	1758. 12	17362. 32	3342. 81	17575. 60	4389337. 10
2014	13642. 34	3055884. 18	1526518. 08	1820. 25	18500. 57	3273. 80	17927. 12	4623924. 01
2015	14337. 45	3211588. 80	1567459. 78	1932. 45	19358. 34	3340. 79	18236. 15	4821916. 31

资料来源：中国城乡建设统计年鉴 2005 ~ 2016，中国建筑业统计年鉴 2005 ~ 2016，中国国土资源统计年鉴 2005 ~ 2016。

（二）消费部门物质存量 $S_2(k)$ 规模的测算

在表 6 -5 中，给出了消费部门物质存量 $S_2(k)$ 的估算过程，在消费部门物质存量估算中，主要包括三个部分。第一部分是城乡居住房屋、公共设施及道路广场，利用之前测算的城市基础设施物质存量均值系数

2.24 吨/平方米，农村基础设施物质存量均值系数 1.52 吨/平方米进行折算，得到2004～2015 年的城乡居民居住类基础设施物质存量；第二部分是客运交通设备，具体包括民用客车拥有量、铁路客车、民用飞机等；第三部分耐用品，城镇耐用品具体包括摩托车、洗衣机、电冰箱、彩电、录放像机、空调、热水器、电脑、家具等。农村耐用品具体包括洗衣机、电风扇、冰箱、空调、抽油烟机等。以上客运交通设备和耐用品的数据均可在《中国统计年鉴》中查询到相应的实物量数据，之后按照平均重量系数进行折算，例如民用小客车按照 2 吨/辆的平均重量系数进行折算。表 6－6 给出了平均重量系数的取值。

表 6－5　　消费部门物质存量估算

年份	城镇居住用地及公用地面积（亿平方米）	折合物质存量（万吨）	农村年末住房面积（亿平方米）	折合物质存量（万吨）	交通设备（万吨）	城市耐用品（万吨）	农村耐用品（万吨）	合计（万吨）
2004	151.74	3399037.75	133.65	2031454.30	4664.50	12011.36	5747.44	5447167.91
2005	154.88	3469321.60	148.90	2263233.85	5513.90	13041.39	6032.14	5751110.74
2006	177.53	3976670.40	138.74	2108855.69	6553.56	13908.98	6387.70	6105988.63
2007	188.45	4221390.40	146.02	2219528.02	7790.16	15022.36	6765.01	6463730.94
2008	202.40	4533736.00	149.17	2267407.97	9147.18	15518.65	7212.74	6825809.80
2009	200.33	4487412.80	175.77	2671679.88	11951.69	18140.77	8287.11	7189185.14
2010	205.49	4602940.80	192.19	2921263.70	15514.54	20241.23	8974.13	7559960.27
2011	215.72	4832193.60	202.49	3077864.01	19140.82	22937.42	10072.96	7952135.85
2012	235.45	5274078.40	199.12	3026591.99	23090.33	26239.39	12613.12	8350000.11
2013	242.24	5426152.00	218.18	3316384.01	27435.04	29359.32	14197.15	8799330.37
2014	256.61	5748066.88	226.72	3446176.11	32235.87	32318.54	15846.42	9258797.40
2015	264.62	5927419.20	247.72	3765328.07	35163.14	35380.09	17825.95	9763290.50

资料来源：中国城乡建设统计年鉴 2005～2016，中国建筑业统计年鉴 2005～2016，中国国土资源统计年鉴 2005～2016，中国统计年鉴 2005～2016。

表6－6　　平均重量系数的取值　　单位：吨/辆（台、架）

项目	平均重量系数	项目	平均重量系数	项目	平均重量系数
大型民用客车	12	摩托车	0.2	抽油烟机	0.022
中型民用客车	6	洗衣机	0.06	家用电脑	0.02
小型民用客车	2	电冰箱	0.1	健身器材	0.05
微型民用客车	1	彩电	0.02	大型家具	0.05
铁路客车	45	组合音响	0.011	电风扇	0.003
铁路客用机车	130	空调	0.1	移动电话	0.0001
民用飞机	30	热水器	0.05	微波炉	0.015

（三）资源恢复部门物质存量$S_3(k)$规模的测算

在表6－7中，给出了资源恢复部门物质存量$S_3(k)$的估算过程，在资源恢复部门物质存量估算中，主要包括两个部分。第一部分是市政公用设施用地，利用之前测算的城市基础设施物质存量均值系数2.24吨/平方米进行折算；第二部分是废物还原设备，具体包括各种废物回收利用设备，如废气处理设备、电子垃圾回收处理设备等。

表6－7　　资源恢复部门物质存量估算

年份	市政公用设施用地（平方公里）	折合物质存量（万吨）	废物还原设备存量（万吨）	合计	年份	市政公用设施用地（平方公里）	折合物质存量（万吨）	废物还原设备存量（万吨）	合计（万吨）
2004	1212.14	271518.48	45702.48	317220.96	2010	1390.97	311576.73	96009.04	407585.77
2005	1259.83	282202.32	45875.60	328077.92	2011	1465.71	328318.24	97163.16	425481.40
2006	1311.70	293821.32	48986.12	342807.44	2012	1459.18	326856.14	116715.83	443571.97
2007	1366.65	306128.74	51370.34	357499.08	2013	1558.76	349162.57	112460.42	461622.99
2008	1423.82	318935.82	54823.82	373759.64	2014	1561.52	349780.03	130983.11	480763.14
2009	1431.33	320616.86	69840.86	390457.72	2015	1558.60	349127.02	152556.56	501683.58

资料来源：中国城乡建设统计年鉴2005～2016，中国建筑业统计年鉴2005～2016，中国国土资源统计年鉴2005～2016，中国统计年鉴2005～2016。

第二节　经济系统部门间的物质流动测算

以上对经济系统各部门的物质存量进行了测算，第二节将对 2004～2015 年间经济系统内部的物质流动进行估测。

一、生产部门提供给消费部门和资源恢复部门的物质总量 $PL_{12}(t)$、$PL_{13}(t)$ 的测算

$PL_{12}(t)$表示第 t 年生产环节提供给消费环节的总量；$PL_{13}(t)$表示第 t 年生产过程中转移到资源恢复环节的总量，如各种可收集废弃物等。

在 $PL_{12}(t)$的测算中，主要考虑了消费部门消耗生产部门提供的各种产品总量。主要包括消费用各项能源总量（主要包括煤、石油、天然气的物质用量）、常用消费品物质总量、建筑材料使用量、新增耐用消费品和新增交通运输设备。常用消费品物质总量分城市和农村分别测算。基本思路是按《中国统计年鉴》中提供的各项常用消费品的人均用量，结合当年城市和农村的年末人口数，测算该项消费品的物质量。城市人口常用消费品物质总量测算中常用的消费品主要包括：粮食、鲜菜、食用油、猪肉、牛羊肉、家禽、鲜蛋、水产品、鲜奶、水果、坚果及果仁类、酒。农村人口常用消费品物质总量测算中常用的消费品主要包括：粮食（原粮）、蔬菜、食用油、肉禽及制品、蛋及制品、奶及制品、水产品、食糖、酒、瓜果及制品、坚果及制品。以上项目基本涉及了消费环节涉及的吃、穿、住、用、行等，物质总量反映了生产部门提供给消费部门的物质流量。表 6－8 给出了生产部门向消费部门的物质流量 $PL_{12}(t)$的测算结果，从总量发展态势来看，2004～2015 年的 $PL_{12}(t)$呈现不断上涨的态势，年均增长率为 7.51%。

表 6－8　　生产部门向消费部门的物质流量 $PL_{12}(t)$ 的测算　　单位：万吨

年份	能源	常用物质消费量	建筑材料、耐用品等	合计	年份	能源	常用物质消费量	建筑材料、耐用品等	合计
2004	21280.66	69531.83	137800.20	228612.69	2010	34558.00	81048.29	346148.87	461755.15
2005	23449.51	71341.27	145759.64	240550.42	2011	37410.00	83254.11	349715.94	470380.05
2006	25387.87	73640.70	151411.23	250439.80	2012	39666.00	85313.96	353568.38	478548.34
2007	26789.71	74999.58	283168.15	384957.44	2013	42306.00	92006.60	357563.50	491876.10
2008	27861.30	76326.13	324175.69	428363.12	2014	45530.84	94865.02	361558.63	501954.48
2009	33843.00	81666.00	338158.62	453667.62	2015	46423.60	96530.94	364126.92	507081.46

资料来源：中国城乡建设统计年鉴 2005～2016，中国建筑业统计年鉴 2005～2016，中国国土资源统计年鉴 2005～2016，中国统计年鉴 2005～2016。

在 $PL_{13}(t)$ 的测算中，主要考虑了生产部门向资源恢复部门提供的建筑材料、机器设备、能源投入以及资源恢复部门的主要生产对象——从生产部门获取的各类可收集废弃物，包括工业二氧化硫去除量、工业烟尘去除量、工业粉尘去除量等，另外还包括各项生产用二手设备。表 6－9 给出了 2004～2015 年生产部门向资源恢复部门的物质流量 $PL_{13}(t)$ 的测算结果。

表 6－9　　生产部门向资源恢复部门的物质流量 $PL_{13}(t)$ 的测算　　单位：万吨

年份	建筑材料、设备和能源投入	可收集工业废弃物	生产用二手设备	合计	年份	建筑材料、设备和能源投入	可收集工业废弃物	生产用二手设备	合计
2004	16314.65	148651.82	457.03	165423.50	2010	29327.18	247350.43	582.01	277259.62
2005	17394.69	163753.27	458.76	181606.72	2011	30837.05	243691.33	596.92	275125.30
2006	18571.09	185024.68	489.86	204085.63	2012	33747.31	255231.29	611.00	289589.61
2007	19964.89	211768.86	513.70	232247.45	2013	34748.88	264435.71	618.65	299803.24
2008	28871.40	232847.42	548.24	262267.06	2014	36869.01	273743.90	627.44	311240.36
2009	28566.31	244077.60	565.55	273209.46	2015	38050.23	284881.34	630.19	323561.76

资料来源：中国城乡建设统计年鉴 2005～2016，中国建筑业统计年鉴 2005～2016，中国国土资源统计年鉴 2005～2016，中国统计年鉴 2005～2016。

二、消费部门转移到资源恢复部门的物质总量PL23(t)的测算

$PL_{23}(t)$表示第t年消费部门转移到资源恢复部门的物质总量，在具体测算中，$PL_{23}(t)$主要包括由消费部门产生而被资源恢复部门处理的物质量，具体如生活垃圾清运量和粪便清运量。另外还包括消费部门向资源恢复部门提供的二手房屋、二手交通工具和二手耐用品。为测算方便，主要通过居住房屋物质量测算二手房屋物质量，以2.4%的二手率估算；交通工具物质量由5.7%的二手率估算；耐用品由6%的二手率估算（二手率参照大部分物质存量估算的国内文献中使用的比率）。表6－10给出了2004～2015年消费部门向资源恢复部门提供的物质流量$PL_{23}(t)$的测算结果。

表6－10　消费部门向资源恢复部门的物质流量$PL_{23}(t)$的测算　单位：万吨

年份	生活垃圾清运量	粪便清运量	居住房屋	二手房屋（2.4%）	交通工具	二手交通工具（5.7%）	耐用品	二手耐用品（6%）	合计
2004	15509.30	3576.30	6595080.47	158281.93	4664.50	265.88	17758.80	1065.53	178698.94
2005	15576.80	3804.60	6700534.93	160812.84	5513.90	314.29	19073.53	1144.41	181652.94
2006	14841.30	2130.50	6755310.29	162127.45	6553.56	373.55	20296.68	1217.80	180690.60
2007	15214.53	2506.29	7076622.52	169838.94	7790.16	444.04	21787.37	1307.24	189311.04
2008	15437.70	2330.71	7421509.40	178116.23	9147.18	521.39	22731.39	1363.88	197769.91
2009	15733.70	2141.00	7774046.29	186577.11	10042.12	572.40	23332.28	1399.94	206424.15
2010	15804.80	1950.50	8029331.63	192703.96	10531.97	600.32	23537.13	1412.23	212471.81
2011	16395.30	1962.90	8357555.63	200581.34	11116.04	633.61	24083.39	1445.00	221018.15
2012	17080.90	1811.80	8746561.86	209917.48	11549.37	658.31	24390.67	1463.44	230931.94
2013	17238.60	1682.40	9038316.53	216919.60	11907.35	678.72	24431.64	1465.90	237985.21
2014	17860.18	1552.00	9323992.97	223775.83	12321.84	702.35	24779.88	1486.79	245377.15
2015	18745.34	1445.23	9864954.76	236758.91	13423.23	765.12	25674.28	1506.27	272120.88

资料来源：中国城乡建设统计年鉴2005～2016，中国建筑业统计年鉴2005～2016，中国国土资源统计年鉴2005～2016，中国统计年鉴2005～2016。

三、资源恢复部门提供给生产部门和消费部门的物质总量 PL31(t)、PL32(t)的测算

$PL_{31}(t)$表示第 t 年资源恢复部门经过处理再利用的物质重新投入生产过程的总量，$PL_{32}(t)$表示第 t 年资源恢复部门经过处理再利用的物质重新投入消费环节的总量。

在$PL_{31}(t)$的测算中，主要考虑了工业固体废弃物综合利用量和二手设备物质总量，这两项是资源恢复部门向生产部门提供的主要物质流量；在$PL_{32}(t)$的测算中，主要包括二手房屋、二手交通工具和二手耐用品，这些是资源恢复部门向消费部门提供的主要物质流量。表 6－11 给出了资源恢复部门向生产部门和消费部门提供的物质流量$PL_{31}(t)$和$PL_{32}(t)$的测算过程。

表 6－11　资源恢复部门向生产和消费部门提供的物质流量 $PL_{31}(t)$、$PL_{32}(t)$的测算

单位：万吨

资源恢复部门向生产部门提供的物质流量 $PL_{31}(t)$				资源恢复部门向消费部门提供的物质流量 $PL_{32}(t)$				
年份	工业固体废弃物综合利用量	二手设备	合计	年份	二手房屋（2.4%）	二手交通工具（5.7%）	二手耐用品（6%）	合计
2004	67796.00	457.02	68253.02	2004	158281.93	265.88	1065.53	159613.34
2005	76993.00	458.76	77451.76	2005	160812.84	314.29	1144.41	162271.54
2006	92601.00	489.86	93090.86	2006	162127.45	373.55	1217.80	163718.80
2007	110311.46	513.70	110825.16	2007	169838.94	444.04	1307.24	171590.22
2008	123482.00	548.24	124030.24	2008	178116.23	521.39	1363.88	180001.50
2009	128607.60	698.41	129306.01	2009	186577.11	572.40	1399.94	188549.45
2010	161772.00	960.09	162732.09	2010	192703.96	600.32	1412.23	194716.51
2011	195214.62	971.63	196186.25	2011	200581.34	633.61	1445.00	202659.95
2012	202461.92	1167.16	203629.08	2012	209917.48	658.31	1463.44	212039.23
2013	205916.33	1124.60	207040.93	2013	216919.60	678.72	1465.90	219064.22
2014	204330.25	1309.83	205640.08	2014	223775.83	702.35	1486.79	225964.97
2015	206752.32	14325.12	221077.44	2015	236758.91	765.12	1506.27	239030.30

资料来源：中国城乡建设统计年鉴 2005～2016，中国建筑业统计年鉴 2005～2016，中国国土资源统计年鉴 2005～2016，中国统计年鉴 2005～2016。

四、生产、消费、资源恢复部门物质排放量PL10(t)、PL20(t)、PL30(t)的测算

$PL_{10}(t)$、$PL_{20}(t)$、$PL_{30}(t)$分别表示第 t 年生产环节、消费环节、资源恢复环节中没有经过回收利用直接排放的物质总量，如生产最终排放的固体废弃物、废气、废水等，这样的安排主要为了体现资源恢复环节的作用，因为直接排放的物质总量并不直接等同于排入环境的废弃物总量。

在物质排放量的测算中，生产部门的物质排放量主要由工业二氧化硫排放量、工业烟尘排放量、工业粉尘排放量、工业废水中化学需氧量排放量、工业废水中氨氮排放量以及农业化肥施用量和设备损耗；消费部门的物质排放量主要由生活二氧化硫排放量、生活烟尘排放量、生活污水中化学需氧量排放量、生活污水中氨氮排放量以及生活垃圾和设备损耗构成；资源恢复部门的物质排放量包括固体废物处置量、排放量、贮存量以及二氧化碳中的碳排放量，还包括生活垃圾填埋量和粪便清运量以及设备损耗。

生产部门、消费部门和资源恢复部门的物质排放量的测算结果如表6-12所示，虽然各部门的物质排放一直呈现不断上涨的态势，但各部门的物质排放量在近几年来均有放缓的趋势。

表6-12　各部门的物质排放$PL_{10}(t)$、$PL_{20}(t)$、$PL_{30}(t)$的测算

年份	$PL_{10}(t)$（万吨）	$PL_{20}(t)$（万吨）	$PL_{30}(t)$（万吨）	合计（百万吨）	年份	$PL_{10}(t)$（万吨）	$PL_{20}(t)$（万吨）	$PL_{30}(t)$（万吨）	合计（百万吨）
2004	152517.78	39443.10	23585.12	2155.46	2010	205172.81	59208.50	57845.70	3222.27
2005	166534.65	42140.16	30215.19	2388.90	2011	226539.04	64725.65	62770.31	3540.35
2006	177177.36	43950.90	34112.74	2552.41	2012	242948.30	70713.79	47170.91	3608.33
2007	171516.21	46238.40	47358.39	2651.13	2013	250953.52	76331.86	32211.62	3594.97
2008	177453.68	49116.14	62639.18	2892.09	2014	257733.74	81007.99	19570.27	3583.12
2009	187168.19	53758.62	76844.18	3177.71	2015	263944.19	83934.77	15457.04	3633.36

资料来源：中国城乡建设统计年鉴2005~2016，中国建筑业统计年鉴2005~2016，中国国土资源统计年鉴2005~2016，中国统计年鉴2005~2016。

第三节 经济系统物质循环的 PIOT 模型分析

在各部门物质存量和经济系统部门间物质流量测算的基础上，根据第五章构建的 PIOT 分析模型对 2004～2015 年我国经济系统内部的物质流动进行系统的分析，以具体分析物质在经济系统内部流动的规模、结构和特征。第四章展开的经济系统物质流核算，由于将经济系统视为“黑箱”，难以反映经济系统内部的物质流动。PIOT 模型有利于打开经济系统的黑箱，全面监测和分析经济系统的物质运行状况。

一、物质投入产出表 PIOT 的其他流量数据

在第二节中，循环经济物质投入产出表（见第五章第三节）中的 $PL_{12}(t)$、$PL_{13}(t)$、$PL_{23}(t)$、$PL_{31}(t)$、$PL_{32}(t)$、$PL_{10}(t)$、$PL_{20}(t)$、$PL_{30}(t)$ 均已根据现有数据估算出来，$PL_{14}(t)$ 可由第四章的经济系统物质流核算中得到。其他流量数据均可在以上数据基础上计算得到，计算结果如表 6－13 所示。

表 6－13　　物质投入产出表的其他流量计算　　单位：万吨

年份	X_i^p	X^c	X^w	$\Delta S_1(k)$	$\Delta S_2(k)$	$\Delta S_3(k)$	Δp_i^s	M
2004	766051.72	516487.45	341776.24	103648.75	298345.41	9034.76	697798.70	1624315.41
2005	839232.77	527735.93	280795.45	114455.98	303942.83	10856.96	761781.01	1647764.15
2006	914531.86	579519.39	305651.92	123467.07	354877.89	14729.52	821441.00	1799703.17
2007	1129446.70	593291.75	344465.41	157955.59	357742.31	14691.64	1018621.54	2067203.86
2008	1216660.60	608964.91	382931.48	150565.78	362078.86	16260.56	1092630.36	2208556.99
2009	1314591.60	623558.11	411397.72	180209.28	363375.34	16698.08	1185285.59	2349547.43
2010	1362809.90	642455.44	432422.35	192026.28	370775.13	17128.05	1200077.81	2437687.69

续表

年份	X_i^p	X^c	X^w	$\Delta S_1(k)$	$\Delta S_2(k)$	$\Delta S_3(k)$	Δp_i^s	M
2011	1374303.4	677919.38	479512.14	199658.03	392175.58	17895.63	1178117.15	2531734.92
2012	1428741.1	699509.99	480929.79	194605.87	397864.26	18090.57	1225112.02	2609180.88
2013	1558920.5	763647.33	476367.79	210194.65	449330.26	18051.02	1351879.57	2798935.62
2014	1621206.5	785852.17	470315.47	234586.90	459467.03	19140.15	1415566.42	2877374.14
2015	1627675.7	860548.75	496485.22	197992.31	504493.10	20920.44	1406598.26	2984709.67

在表6-13中，X_i^p、X^c和X^w分别表示生产部门、消费部门和资源恢复部门的物质使用总量，同时也表示生产部门、消费部门和资源恢复部门的物质投入总量。$\Delta S_1(k)$、$\Delta S_2(k)$、$\Delta S_3(k)$表示生产部门、消费部门和资源恢复部门的物质存量。Δp_i^s为初始物质资源投入，在此可根据循环经济物质投入产出表的平衡关系计算得到。M为物质总投入也即物质总使用量。

二、物质投入产出表的物质消耗系数及物质循环结构系数计算

循环经济物质投入产出表（PIOT）反映了生产部门、消费部门及资源恢复部门物质存量的变化规律，各部门间的物质流动形成了相对稳定的投入产出关系，因此可通过物质投入产出表（PIOT）的分析反映物质在生产、消费、资源恢复环节的循环流动规律。依第五章第四节的定义，物质投入产出表（PIOT）的物质消耗系数矩阵为：

$$A=\begin{bmatrix}0 & a_{12} & a_{13}\\ 0 & 0 & a_{23}\\ a_{31} & a_{32} & 0\end{bmatrix}$$

其中，$a_{ij}(t)=\dfrac{PL_{ij}(t)}{X_j(t)}$，利用循环经济物质投入产出表的物质流量数据，可以得到物质消耗系数矩阵的各项取值，计算结果如6-14所示。

表 6-14　　物质投入产出表的物质消耗系数计算

年份	a_{12}	a_{13}	a_{23}	a_{31}	a_{32}
2004	0.4426	0.4840	0.5229	0.0891	0.3090
2005	0.4558	0.6468	0.6469	0.0923	0.3075
2006	0.4322	0.6677	0.5912	0.1018	0.2825
2007	0.6489	0.6742	0.5496	0.0981	0.2892
2008	0.7034	0.6849	0.5165	0.1019	0.2956
2009	0.7275	0.6641	0.5018	0.0984	0.3024
2010	0.7187	0.6412	0.4914	0.1194	0.3031
2011	0.6939	0.5738	0.4609	0.1428	0.2989
2012	0.6841	0.6021	0.4802	0.1425	0.3031
2013	0.6441	0.6294	0.4996	0.1328	0.2869
2014	0.6387	0.6618	0.5217	0.1268	0.2875
2015	0.5893	0.6517	0.5481	0.1358	0.2778

物质投入产出表（PIOT）的物质循环结构系数 $g_{ij}(t)$ 定义为 $\frac{PL_{ij}(t)}{X_j(t)}$，用以反映在某部门物质存量的基础上，来自其他部门物质流量或物质存储的比例。表 6-15 中计算了物质循环结构系数矩阵中的各项取值。

从表 6-14 和表 6-15 的数据分析可得，每一期的物质流量相对于各部门的物质存量具有较强的稳定性。按照我国的五年规划周期，可计算 2004~2009 年和 2010~2015 年这两个时段的物质消耗系数总和的均值以及平均物质循环结构系数，以此分析我国经济系统不同阶段的物质流动特征，以利于制定各类规划性政策进行调整，优化新阶段的物质循环结构。

2004~2009 年的物质消耗系数总和的平均值为 2.1548，2010~2015 年的物质消耗系数总和的平均值为 2.2147。如表 6-16 所示，2004~2009 年的平均物质循环结构系数与 2010~2015 年相比，物质循环结构的平均变化率为 1.68%。

表 6－15 物质投入产出表(PIOT)的物质循环结构系数

年份	$g_{11}(t)$	$g_{12}(t)$	$g_{13}(t)$	$g_{22}(t)$	$g_{23}(t)$	$g_{31}(t)$	$g_{32}(t)$	$g_{33}(t)$	$g_{10}(t)$	$g_{20}(t)$	$g_{30}(t)$	$\Delta p_i^s/X_i^p$
2004	0. 6167	0. 0420	0. 5215	0. 5706	0. 5633	0. 0238	0. 0293	0. 1275	0. 0532	0. 0072	0. 0743	0. 2435
2005	0. 6512	0. 0418	0. 5535	0. 5610	0. 5537	0. 0260	0. 0282	0. 1463	0. 0559	0. 0073	0. 0921	0. 2556
2006	0. 6934	0. 0410	0. 5953	0. 5343	0. 5271	0. 0300	0. 0268	0. 1563	0. 0571	0. 0072	0. 0995	0. 2646
2007	0. 7618	0. 0596	0. 6496	0. 5367	0. 5295	0. 0340	0. 0265	0. 1930	0. 0526	0. 0072	0. 1325	0. 3123
2008	0. 8165	0. 0628	0. 7017	0. 5363	0. 5291	0. 0363	0. 0264	0. 2303	0. 0520	0. 0072	0. 1676	0. 3202
2009	0. 8149	0. 0631	0. 6997	0. 5361	0. 5287	0. 0360	0. 0262	0. 2590	0. 0521	0. 0075	0. 1968	0. 3299
2010	0. 7955	0. 0611	0. 6802	0. 5291	0. 5213	0. 0430	0. 0258	0. 2107	0. 0542	0. 0078	0. 1419	0. 3171
2011	0. 7626	0. 0592	0. 6466	0. 5276	0. 5195	0. 0492	0. 0255	0. 2222	0. 0569	0. 0081	0. 1475	0. 2957
2012	0. 7683	0. 0573	0. 6529	0. 5291	0. 5206	0. 0487	0. 0254	0. 1805	0. 0581	0. 0085	0. 1063	0. 2931
2013	0. 7625	0. 0559	0. 6495	0. 5242	0. 5155	0. 0472	0. 0249	0. 1418	0. 0572	0. 0087	0. 0698	0. 3080
2014	0. 7573	0. 0542	0. 6474	0. 5191	0. 5104	0. 0445	0. 0244	0. 1096	0. 0557	0. 0087	0. 0407	0. 3061
2015	0. 7516	0. 0519	0. 6450	0. 5510	0. 5424	0. 0458	0. 0245	0. 1011	0. 0547	0. 0086	0. 0308	0. 2917

表 6－16　　物质投入产出表的平均物质循环结构系数

年份	$g_{11}(t)$	$g_{12}(t)$	$g_{13}(t)$	$g_{22}(t)$	$g_{23}(t)$	$g_{31}(t)$
2004～2009	0.7258	0.0517	0.6202	0.5458	0.5386	0.0310
2010～2015	0.7663	0.0566	0.6536	0.5300	0.5216	0.0464
年份	$g_{32}(t)$	$g_{33}(t)$	$g_{10}(t)$	$g_{20}(t)$	$g_{30}(t)$	$\Delta p_i^s/X_i^p$
2004～2009	0.0272	0.1854	0.0538	0.0073	0.1271	0.2877
2010～2015	0.0251	0.1610	0.0561	0.0084	0.0895	0.3020

三、经济系统物质循环的 PIOT 模型的可控性、可测性分析

为了进一步在构造的循环经济物质循环 PIOT 模型的基础上展开分析，需要对物质循环 PIOT 模型的可控性进行深入探讨。在物质循环 PIOT 模型中，各部门的物质存量 S(k) 与经济系统的初始物质资源投入 Δp_i^s 是相关的，体现了输入物质对 S(k) 的控制过程。同时，PIOT 模型系统的废弃物排放 w(t) 与各部门的物质存量 S(k) 也是相关的，刻画了废弃物排放对物质存量 S(k) 的影响能力。

$$w(t) = PL_{10}(t) + PL_{20}(t) + PL_{30}(t)$$

在数学证明中，若线性定常离散系统 S(t+1) = G(t)S(t) + Hu(t) 的任何一个初始状态 S(0)，存在 t>0，在时间段［0，t］内，存在允许控制序列 U(t)，使得 S(t)=0，则称系统是状态完全可控的。若在时间段［0，t］内，存在允许控制序列 U(t)，将系统从状态空间坐标原点 S(t)=0 推向预先制定的状态 S(t)，则系统是可达的。

系统 S(t+1) = G(t)S(t) + Hu(t) 完全可控性的充要条件是 n×n 维可控矩阵 $V_c = [H, GH, G^2H, \cdots, G^{n-1}H]$ 的秩为 n。

系统可测性问题考察的是系统的输出项 w(k) 是否包含了系统状态向量 S(t) 的全部信息，因而具有全面反映状态向量 S(t) 变化的能力。即对于线性定常离散系统 S(t+1) = G(t)S(t) + Hu(t)，w(t) = CS(k)，

若解由有限个采样周期的 w(t) 可以唯一确定系统的任一初始状态 S(0)，则称系统是完全可测的。容易操作的分析系统可测性方法是，对于 $n \times n$ 维可控矩阵 $V_0 = [C, CG, \cdots, CG^{n-1}]'$ 的秩为 n。

经济系统物质循环的 PIOT 模型在 2004～2009 年的稳定结构下，物质循环结构系数矩阵和废弃物排放系数分别为：

$$G = \begin{bmatrix} 0.2742 & 0.0517 & 0.6202 \\ 0.0000 & 0.4542 & 0.5386 \\ 0.0310 & 0.0272 & 0.8146 \end{bmatrix} \quad C = [0.0538, 0.0073, 0.1271]$$

$$\text{rank}(V_c) = \text{rank}[H, GH, G^2H] = 3$$

$$\text{rank}(V_0) = \text{rank}\begin{bmatrix} C \\ CG \\ CG^2 \end{bmatrix} = 3$$

由此可验证 2004～2009 年的物质循环系统是可控和可测的，可在进行循环经济分析中，通过 PIOT 模型推演各部门物质流动的变化，也可通过控制物质投入影响经济系统内部的状态变化。同样，可证明 2010～2015 年的物质循环系统也是可控和可测的。

四、经济系统物质存量变化分析

（一）经济系统物质存量变化趋势分析

根据表 6-4、表 6-5、表 6-6 的测算，得到了生产部门、消费部门和资源恢复部门的物质存量规模。物质存量是实现经济增长和社会发展的物质基础和基本条件。生产部门物质存量规模直接影响每一时期的物质投入；消费部门物质存量与消费部门的物质流量紧密相关；资源恢复部门的物质存量往往决定了每一期还原和处置的废弃物数量。总之，物质存量直接影响着经济系统内的物质流量。

由表 6-4、表 6-5、表 6-6 的数据可知，我国经济系统在 2004～

2015 年的物质存量变化情况如图 6 - 1 所示。

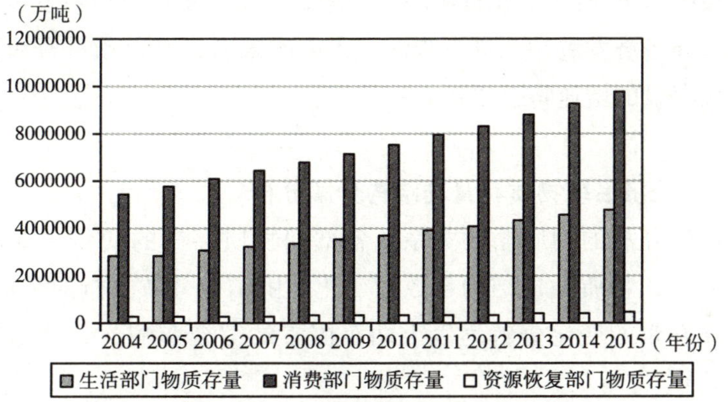

图 6 - 1　物质存量的变化趋势

由图 6 - 1 可以发现，生产部门、消费部门、资源恢复部门的物质存量均呈现不断上升的态势。从物质存量的构成来看，建筑材料、金属矿物以及工业矿物等占据了物质投入的主要部分。以物质存量形式积累于社会经济系统的物质大部分集中在消费部门而不是生产部门，并且主要以住房、生活耐用消费品的形式存在。2015 年的消费部门物质存量为 544. 72 亿吨，是 2004 年的 1. 79 倍，年均增长率为 5. 45%。生产部门的物质存量以城市基础设施和机械设备为主，生产部门在 2015 年的物质存量为 482. 19 亿吨，是 2004 年的 1. 68 倍，年均增长率为 4. 84%，较消费部门物质存量的增速偏低。生产部门和消费部门的物质存量在经济系统物质存量总量中占绝大比重，比例在 95% 以上，资源恢复部门的物质存量占比低于 5%。资源恢复部门的物质存量主要由用于废弃物还原的基础设施和还原设备构成，因此比例过低也在一定程度上说明我国的资源恢复和废弃物还原工作任重而道远。资源恢复部门 2015 年的物质存量为 50. 17 亿吨，是 2004 年的 1. 58 倍，年均增长率为 4. 26%，低于生产部门和消费部门物质存量的增长速度。因此我国目前的经济发展模式与循环经济的减量化、再利用、资源化的要求还有很大的差距。但对比我国2004～2015年的GDP增速（13.96%），我国的物质存量增速低于这一阶段的GDP增速，在资源环境问题日益受到重视，绿色发展、生态文明的循环经济发展理念进一步深入人心的未来，可以预见资源恢复部门的物质存量的增速将会更快。

（二）经济系统物质存量的结构分解分析

由循环经济的物质循环关系，各部门物质存量的变化主要取决于物质投入量和物质循环结构系数的变化。由结构分解分析的基本原理，可将物质存量的变化分解为以上两个因素的综合影响，分解结果如表6－17所示。

表6－17　　经济系统物质存量的结构分解分析　　单位：亿吨

项　目	2004～2009年	2010～2015年
生产部门物质存量的变化	13.8384	20.4844
其中：循环结构效应	7.7621	13.6945
物质投入效应	6.0763	6.7899
消费部门物质存量的变化	34.0060	42.9018
其中：循环结构效应	18.3208	27.3334
物质投入效应	15.6853	15.5684
资源恢复部门物质存量的变化	1.3712	1.8538
其中：循环结构效应	0.7473	1.1780
物质投入效应	0.6239	0.6758

以生产部门物质存量的结构分解分析为例，首先在2004～2009年的投入结构和2004年的初始物质投入基础上，得到2010～2015年的投入结构和2004年的初始物质投入，以及2010～2015年的投入结构和2006年的初始物质投入，用以分析物质投入和物质循环结构对物质存量的影响。2010～2015年的投入结构和2004年的初始物质投入相对于2004～2009年的投入结构和2004年的初始物质投入，由于仅改变了物质循环结构，其差额是结构效应的度量。2010～2015年的投入结构和2004年

的初始物质投入相对于2010～2015年的投入结构和2006年的初始物质投入，由于仅改变了物质投入，差额度量了初始物质投入对物质存量的影响。

由表6－17所示，生产部门物质存量变化的效应分解：2004～2015年的循环结构效应是导致物质存量变化的主要因素，2004～2009年循环结构效应的贡献值为7.7621亿吨，2010～2015年循环结构效应的贡献值为13.6945亿吨。2004～2015年的物质投入效应的贡献绝对数额虽有微弱上升，但份额呈现明显下降的态势，2004～2009年物质投入效应的贡献值为6.0763亿吨，2010～2015年物质投入效应的贡献值为6.7899亿吨。消费部门和资源恢复部门物质存量变化的效应分解同生产部门的情况接近，循环结构效应无论是绝对数额还是相对数额均呈现明显的上升态势，而物质投入效应虽然绝对数额有微弱的上升，但相对数额却明显下降。说明循环结构效应相对于物质投入效应更加能够显著提升物质存量的变化，因而在循环经济发展中应更加注重循环结构的改进，加速促进经济发展方式的转变。

（三）经济系统物质存量的减量化倍数

物质减量化的基本思想是以最少的物质投入产出最大数量的产品，同时产生最少量的废弃物质。循环经济倡导实现减物质化，采取各种方式降低经济系统的物质利用，实现物质闭环流动的经济发展模式。减物质化是循环经济发展的具体要求和目标。在第五章第四节中，定义了物质存量的减量化倍数 $MSR_i(n) = \sum_{l=t}^{l=t+n} \frac{X'(l) - X(l)}{X(l)}$，用来度量物质存量变化的特征。依据物质存量减量化倍数的计算公式，得到生产部门、消费部门和资源恢复部门的物质存量减量化倍数分别为：

$$MSR_1(12) = \sum_{l=2004}^{l=2015} \frac{X'(l) - X(l)}{X(l)} = 0.5328$$

$$MSR_2(12) = \sum_{l=2004}^{l=2015} \frac{X'(l) - X(l)}{X(l)} = 0.5993$$

$$MSR_3(12) = \sum_{l=2004}^{l=2015} \frac{X'(l) - X(l)}{X(l)} = 0.4681$$

$$MSR(12) = \sum_{i=1}^{i=3} \frac{\overline{X}'_i}{e^T\overline{X}'} MSR_i(12) = 0.5383$$

从生产部门、消费部门和资源恢复部门的物质存量减量化倍数的取值来看，生产部门、消费部门和资源恢复部门的存量物质比基期稳定结构发展预期分别增加了0.5328、0.5993、0.4681倍的物质固化，均未呈现正向（物质存量减量化倍数为负值）的减量化趋势，经济增长方式呈现出典型的粗放式模式。资源恢复部门的物质固化速度最为缓慢，而消费部门的物质固化速度最快。物质存量变动还会影响物质投入和排放，若物质存量减量化的未来趋势仍为反向（物质存量减量化倍数为正值），环境压力将更加严峻。因此发展循环经济，转变经济增长方式，减少物质投入和排放，提高物质利用强度，是经济系统实现可持续发展的根本途径。

五、基于PIOT的经济系统物质流量分析

表6-18计算了2004~2015年物质投入产出表的物质消耗系数，可据此计算2004~2009年和2010~2015年的平均物质消耗系数。

表6-18　　物质投入产出表的平均物质消耗系数

年份	a_{12}	a_{13}	a_{23}	a_{31}	a_{32}
2004~2009	0.5684	0.6370	0.5548	0.0969	0.2977
2010~2015	0.6615	0.6267	0.5003	0.1334	0.2929

在2004~2009年这一阶段，物质消耗系数矩阵为 $A = \begin{bmatrix} 0 & 0.5684 & 0.6370 \\ 0 & 0 & 0.5548 \\ 0.0969 & 0.2977 & 0 \end{bmatrix}$，据此可计算完全消耗系数：

$$B=(I-A)^{-1}-I=\begin{bmatrix}0.1243 & 1.0208 & 1.2825\\0.0724 & 0.2636 & 0.7472\\0.1305 & 0.4751 & 0.3467\end{bmatrix}$$

可得在这一阶段，物质投入产出表的行模型 $X(t)=(I-A)^{-1}y(t)$ 表现为：

$$\begin{bmatrix}X^{p_i}\\X^{c}\\X^{w}\end{bmatrix}=\begin{bmatrix}1.1243 & 1.0208 & 1.2825\\0.0724 & 1.2636 & 0.7472\\0.1305 & 0.4751 & 1.3467\end{bmatrix}y(t)$$

由物质投入产出表的行模型可知，如果生产部门的物质使用量增加一个单位（如万吨），用于物质存量净增、出口和物质排放从而脱离经济系统内部，需要本部门增加 1.1243 个单位的物质流动，由于完全消耗关系，需要消费部门增加 0.0724 个单位的物质流动（消费部门会向资源恢复部门提供物质，进而由于完全消耗关系，与生产部门也发生关联），需要资源恢复部门增加 0.1305 个单位的物质流动。如果消费部门的物质使用量以存量增加和物质排放的形式脱离经济系统内部，需要生产部门流通 1.0208 个单位的物质，消费部门流通 1.2636 个单位的物质，资源恢复部门流通 0.4751 个单位的物质。如果资源恢复部门的物质使用量以存量增加和物质排放的形式脱离经济系统内部，需要生产部门流通 1.2825 个单位的物质，消费部门流通 0.7472 个单位的物质，资源恢复部门流通 1.3467 个单位的物质。

物质投入产出表的列模型 $X(t)=(I-A^{T})^{-1}u(t)$ 表现为：

$$\begin{bmatrix}X^{p_i}\\X^{c}\\X^{w}\end{bmatrix}=\begin{bmatrix}1.1243 & 0.0724 & 0.1305\\1.0208 & 1.2636 & 0.4751\\0.2825 & 0.7472 & 1.3467\end{bmatrix}$$

$$u(t)=\begin{bmatrix}1.1243 & 0.0724 & 0.1305\\1.0208 & 1.2636 & 0.4751\\0.2825 & 0.7472 & 1.3467\end{bmatrix}\begin{bmatrix}\Delta p^{s_i}\\0\\0\end{bmatrix}$$

由循环经济物质投入产出表的列模型可知，当经济系统每增加一个单位的初始物质投入，在经济系统内部反复循环使用后，会产生 1.1243 个单位的物质使用效果（消费部门和资源恢复部门没有初始物质投入项）。

在 2010 ~ 2015 年这一阶段，物质消耗系数矩阵为：$A = \begin{bmatrix} 0 & 0.6615 & 0.6267 \\ 0 & 0 & 0.5003 \\ 0.1334 & 0.2929 & 0 \end{bmatrix}$，据此可计算完全消耗系数：

$$B = (I - A)^{-1} - I = \begin{bmatrix} 0.1760 & 1.1645 & 1.3196 \\ 0.0920 & 0.2628 & 0.6894 \\ 0.1838 & 0.5252 & 0.3780 \end{bmatrix}$$

可得在这一阶段，物质投入产出表的行模型 $X(t) = (I - A)^{-1}y(t)$ 表现为：

$$\begin{bmatrix} X^{p_i} \\ X^{c} \\ X^{w} \end{bmatrix} = \begin{bmatrix} 1.1760 & 1.1645 & 1.3196 \\ 0.0920 & 1.2628 & 0.6894 \\ 0.1838 & 0.5252 & 1.3780 \end{bmatrix} y(t)$$

由循环经济物质投入产出表的行模型可知，如果生产部门的物质使用量增加一个单位（如万吨），用于物质存量净增、出口和物质排放从而脱离经济系统内部，需要本部门增加 1.1760 个单位的物质流动，由于完全消耗关系，需要消费部门增加 0.0920 个单位的物质流动（消费部门会向资源恢复部门提供物质，进而由于完全消耗关系，与生产部门也发生关联），需要资源恢复部门增加 0.1838 个单位的物质流动。如果消费部门的物质使用量以存量增加和物质排放的形式脱离经济系统内部，需要生产部门流通 1.1645 个单位的物质，消费部门流通 1.2628 个单位的物质，资源恢复部门流通 0.5252 个单位的物质。如果资源恢复部门的物质使用量以存量增加和物质排放的形式脱离经济系统内部，需要生产部门流通 1.3196 个单位的物质，消费部门流通 0.6894 个单位的物质，资源恢复部门流通 1.3780 个单位的物质。

物质投入产出表的列模型 $X(t)=(I-A^T)^{-1}u(t)$ 表现为：

$$\begin{bmatrix} X^{p_i} \\ X^c \\ X^w \end{bmatrix} = \begin{bmatrix} 1.1760 & 0.0920 & 0.1838 \\ 1.1645 & 1.2628 & 0.5252 \\ 1.1396 & 0.6894 & 1.3780 \end{bmatrix}$$

$$u(t) = \begin{bmatrix} 1.1760 & 0.0920 & 0.1838 \\ 1.1645 & 1.2628 & 0.5252 \\ 1.1396 & 0.6894 & 1.3780 \end{bmatrix} \begin{bmatrix} \Delta p^{s_i} \\ 0 \\ 0 \end{bmatrix}$$

由物质投入产出表的列模型可知，当经济系统每增加一个单位的初始物质投入，在经济系统内部反复循环使用后，会产生1.1760个单位的物质使用效果（消费部门和资源恢复部门没有初始物质投入项）。

根据2004～2009年和2010～2015年两个阶段的行列模型，可根据第五章定义的物质循环效率分别计算两个阶段的物质消耗效率，并进行比较。

对于第一个时期2004～2009年：

生产部门的物质循环效率定义为：

$$MCE_1(t) = \frac{x_1(t) - Hu(t)}{Hu(t)} = \frac{x_1(t)}{Hu(t)} - 1 = 6.83\%$$

消费部门的物质循环效率定义为：

$$MCE_2(t) = \frac{x_2(t) - Hu(t)}{Hu(t)} = \frac{x_2(t)}{Hu(t)} - 1 = 6.83\%$$

资源恢复部门的物质循环效率定义为：

$$MCE_3(t) = \frac{x_3(t) - Hu(t)}{Hu(t)} = \frac{x_3(t)}{Hu(t)} - 1 = 6.83\%$$

整个循环经济物质循环系统的物质循环效率为：

$$MCE(t) = \sum_{i=1}^{i=3} \frac{\overline{X}_i}{e^T\overline{X}} MCE_i(t) = 6.83\%$$

对于第二个时期2010～2015年：

$$MCE_1(t) = MCE_2(t) = MCE_3(t) = 9.86\%$$

整个循环经济物质循环系统的物质循环效率为：

$$MCE(t) = \sum_{i=1}^{i=3} \frac{\overline{X}_i}{e^T\overline{X}} MCE_i(t) = 9.86\%$$

通过物质循环效率的测算，可以分析投入经济系统的物质在经济系统的循环利用率，物质循环效率越大，表明各部门或者整个经济系统的循环利用效率越高。2004～2009 年经济系统每投入一吨物质，在经济系统内部经过多次循环利用后可多享受 6.83% 的物质效用，而在 2010～2015 年，循环利用效率有所提高，物质在经济系统循环利用后可以多享受 9.86% 的物质效用，整体效率提高了 3.03%。

此处生产部门、消费部门和资源恢复部门的物质循环效率指标相同，原因是只考虑了物质无限期循环下的理想值，也是各期间系统的最高物质循环率，实际上的取值并不相同，物质循环效率会受到经济因素和技术因素以及物质循环次数的影响，这里只是做了简化处理，但也能够反映物质循环利用的概貌。

发展循环经济，关键是要能够使物质实现高效率的循环利用，虽然整体来看，我国不同阶段的物质循环效率有所提高，但仍需采取各项措施继续巩固这一良好趋势。

在以上物质流量分析的基础上，可展开对物质投入产出表（PIOT）整体的结构分解分析，在第五章中，循环经济物质投入产出表中的结构分解模型定义为：

$$\begin{aligned}
\Delta X &= \frac{1}{2}[B(2)\Delta A^T B(1)y(1) + B(1)\Delta A^T B(2)y(2)] \\
&\quad + \frac{1}{2}[B(1) + B(2)]\Delta y \\
&= \frac{1}{2}[B(2)\Delta A^T X(1) + B(1)\Delta A^T X(2)] \\
&\quad + \frac{1}{2}[B(1) + B(2)]\Delta s + \frac{1}{2}[B(1) + B(2)]\Delta e
\end{aligned}$$

$$+\frac{1}{2}[B(1)+B(2)]\Delta p$$

由此可将各部门的物质使用去向流量变化分解为消耗结构影响、存量影响、出口影响和废弃物排放影响四个方面。

根据物质消耗系数矩阵和完全消耗系数矩阵可知：

$$A^{T}(1)=\begin{bmatrix} 0 & 0 & 0.0969 \\ 0.5684 & 0 & 0.2977 \\ 0.6370 & 0.5548 & 0 \end{bmatrix}$$

$$B(1)=\begin{bmatrix} 0.1243 & 1.0208 & 1.2825 \\ 0.0724 & 0.2636 & 0.7472 \\ 0.1305 & 0.4751 & 0.3467 \end{bmatrix}$$

$$A^{T}(2)=\begin{bmatrix} 0 & 0 & 0.1334 \\ 0.6615 & 0 & 0.2929 \\ 0.6267 & 0.5003 & 0 \end{bmatrix}$$

$$B(2)=\begin{bmatrix} 0.1760 & 1.1645 & 1.3196 \\ 0.0920 & 0.2628 & 0.6894 \\ 0.1838 & 0.5252 & 0.3780 \end{bmatrix}$$

可得到2004～2009年和2010～2015年物质流量变化的结构分解分析结果，如表6－19所示。

表6－19　两阶段物质流量变化的结构分解分析　单位：%

物质流量总变化	物质消耗结构影响	物质存量影响	废弃物排放影响	出口影响	合计
生产部门	3.46	19.57	6.58	12.36	41.97
消费部门	－9.38	45.34	2.34	1.46	39.76
资源恢复部门	－10.26	22.68	3.47	2.38	18.27
合计	－16.18	87.59	12.39	16.20	100

如表6－19所示，2004～2009年和2010～2015年的物质流量总变

化中，由于物质消耗结构的影响，使经济系统的物质流量降低了16.18%，实现了物质流动的减量化。物质消耗结构对资源恢复部门的影响最大，这与循环经济发展中提倡清洁生产、提高物质利用效率的思想相符。物质流量变化中受到物质存量的影响最大，累计贡献率为87.59%，这也与物质的去向以物质存量的形式固化于经济系统内部为主直接相关，在物质存量因素中，消费部门的影响最大，生产部门次之。主要原因是消费部门的物质存量构成大部分为城乡居住房屋、公共设施及道路广场，这也与我国房地产业高速发展的经济现实相符。废弃物排放和出口对物质流量变化分别有12.39%和16.20%的贡献率，其中又以生产部门的影响最大。

从行向关系来看，生产部门对物质流量变化的贡献最大，消费部门的影响也很大。生产的产品最终会流向消费领域，生产和消费部门对物质的需求占物质流量变化81.73%的比重。值得关注的问题是资源恢复部门对物质流动变化的贡献度过小，贡献率只有18.27%，这与发展循环经济要求实现资源高效利用和循环利用的需求不相匹配，需要采取各项措施促进资源恢复相关产业的发展。

第四节　我国循环经济系统物质循环的调控分析

一、物质减量化的物质消耗结构调控分析

在经济系统的物质存量和物质流量变化分析中，物质消耗结构都是关键影响因素，物质消耗结构一方面受到技术水平的影响，另一方面也受到物质消费模式的影响。技术水平的变化如利用新技术、新设备提高物质利用效率、降低物质排放；物质消费模式更多体现为社会经济系统对待物质利用的态度，归根结底在于消费者具有合理、适度的消费观念和消费行为，生产者和消费者重视物质利用效率，倾向生产和消费物质

节约型产品，从而促进物质在经济系统中的最优配置。对于定量分析，技术水平的影响便于测量，而物质消费模式的测量难以讨论。

假设社会经济系统的物质利用整体技术水平为 A，包括生产部门物质利用技术 A_1，消费部门物质利用技术 A_2，资源恢复部门物质利用技术 A_3。生产部门物质利用技术 A_1 主要影响物质投入、物质利用和物质排放，包括 $PL_{12}(t)$、$PL_{13}(t)$、$PL_{14}(t)$、$PL_{10}(t)$；消费部门物质利用技术 A_2 主要影响消费品的物质投入、物质排放以及物质回收利用水平，包括 $PL_{23}(t)$、$PL_{20}(t)$、$PL_{12}(t)$；资源恢复部门物质利用技术 A_3 主要影响回收物质的利用和排放，包括 $PL_{31}(t)$、$PL_{32}(t)$、$PL_{30}(t)$。

假设 2010 ~ 2015 年末社会经济系统的物质利用技术水平有显著变化，使得物质流量数据发生 +10% 或 -10% 的变化，可通过经济系统物质存量的减量化倍数和物质循环效率来评价物质消耗结构变动的有效性。

在 2010 ~ 2015 年物质流量数据的基础上，将不同的物质消耗结构（+10% 或 -10% 的变化）用于以 2010 ~ 2015 年数据为起点的经济系统中，也就是假设 2015 ~ 2020 年的平均物质流量数据在 2010 ~ 2015 年数据的基础上发生 +10% 或 -10% 的变化，以测算由于物质利用技术水平变动对经济系统在 2016 ~ 2020 年的物质存量减量化倍数和物质循环效率的影响。测算结果如表 6 - 20 所示。

表 6 - 20　　物质消耗结构变动对经济系统的影响　　单位：%

变动项目	变动幅度	变化前		变化后		变化率	
		减量化倍数	物质循环效率	减量化倍数	物质循环效率	减量化倍数	物质循环效率
PL_{12}	+10	6.83	109.86	7.86	110.02	15.08	0.15
	-10	6.83	109.86	6.37	110.12	-6.73	0.24
PL_{13}	+10	6.83	109.86	4.79	109.92	-29.87	0.05
	-10	6.83	109.86	7.35	109.73	7.61	-0.12

续表

变动项目	变动幅度	变化前		变化后		变化率	
		减量化倍数	物质循环效率	减量化倍数	物质循环效率	减量化倍数	物质循环效率
PL_{14}	+10	6.83	109.86	7.12	109.76	4.25	-0.09
	-10	6.83	109.86	2.35	109.89	-50.95	0.03
PL_{10}	+10	6.83	109.86	7.41	108.79	8.49	-0.97
	-10	6.83	109.86	5.53	110.97	-19.03	1.01
PL_{23}	+10	6.83	109.86	6.64	110.37	-2.78	0.46
	-10	6.83	109.86	7.63	108.75	11.71	-1.01
PL_{20}	+10	6.83	109.86	7.53	109.94	10.25	0.07
	-10	6.83	109.86	5.79	110.53	-15.23	0.61
PL_{31}	+10	6.83	109.86	4.13	111.28	-10.25	1.29
	-10	6.83	109.86	7.92	108.17	15.96	-1.54
PL_{32}	+10	6.83	109.86	6.74	109.49	-1.32	-0.34
	-10	6.83	109.86	6.95	108.51	1.76	-1.23
PL_{30}	+10	6.83	109.86	6.89	109.89	0.88	0.03
	-10	6.83	109.86	5.69	109.57	-16.69	-0.26

从表6-20的模拟测算结果来看，使物质减量化倍数减少的因素有PL_{12}、PL_{14}、PL_{10}、PL_{20}、PL_{30}的减少以及PL_{13}、PL_{23}、PL_{31}、PL_{32}的增加。说明减少消费环节的物质、减少出口、减少生产、消费和资源恢复环节的废弃物排放，均有利于物质存量减量化；而提高生产环节对资源恢复环节、消费环节对资源恢复环节的物质流动，增加资源恢复环节对生产环节、消费环节的物质转移，有利于物质存量减量化。其中影响最大的因素主要有PL_{14}、PL_{13}、PL_{10}，说明对于物质存量减量化，生产部门的物质流动变化会产生较大影响。

整体来看，物质循环结构的变化对物质循环效率指标的变化影响较小，变化前后的影响程度均在1%左右浮动。使物质循环效率增长最快的因素是PL_{31}，说明资源恢复部门在经济系统物质循环中具有重要的地位。

通过以上分析，有助于相关决策部门对各项物质流量进行综合调控，对于影响较大的物质流量予以重视和调节。

特别需要指出的是，在经济系统的物质存量和物质流量变化分析中，初始物质投入是决定物质总存量和总流量的关键要素，结构的调整有助于经济系统物质循环模式的改进，但输入物质的多少从根本上决定了物资存量和流量的增减。但要实现物质投入的绝对减量化在目前我国的经济社会发展阶段并不现实，实现物质投入的增速降低是现阶段要解决的突出问题。

二、循环经济系统的脱钩、复钩效应分析

（一）IPAT 方程和脱钩、复钩效应分析

20 世纪 70 年代，美国斯坦福大学教授 Ehrlich 和 Holdren 提出了著名的用于定量分析环境影响的 IPAT 方程。

$$\text{Impact}(I) = \text{Population}(P) \times \text{Affluence}(A) \times \text{Technology}(T)$$

上式中，I 表示环境影响，P 表示人口总量，A 表示人均资源消耗水平，T 表示用于环境保护的技术进步。IPAT 方程的两边同时除以 Population(P) × Affluence(A)，得到 Technology(T) = Impact(I) /Population(P) × Affluence(A)，其中 Population(P) × Affluence(A) 表示资源消耗总量。利用此式可分析经济增长与物质投入的脱钩效应。

脱钩最早应用于物理学领域，用来度量两个物理量之间不同的变化趋势。后由经济合作与发展组织（OECD）用于测度经济增长和资源消耗或环境污染之间的联系。脱钩概念指的是在工业化进程中，资源消耗在初期随着经济总量的增长而增长，但会在某一特定阶段出现后反向变化，在经济增长过程中会伴随资源环境状况的好转。脱钩可分为相对脱钩和绝对脱钩，相对脱钩指虽然经济增长和能源消费同向变化，但能源消费的增长率较经济增长率更低；绝对脱钩是指经济增长的同时环境压

力稳定或下降。脱钩又可分为初级脱钩和次级脱钩，初级脱钩是指经济增长与自然资源利用的脱钩，次级脱钩是指自然资源与环境污染的脱钩。脱钩程度可细分为八个状态，分别为弱脱钩、强脱钩、衰退脱钩、扩张连接、衰退连接、扩张负脱钩、强负脱钩、弱负脱钩。与脱钩相对应的概念是复钩，复钩是指环境压力增加比经济增长更快的情形，复钩也可分为弱复钩和强复钩。

在方程 Technology(T) = Impact(I)/(Population(P) × Affluence(A))中，设 G = Population(P) × Affluence(A)。弱脱钩和强脱钩的充分条件分别为 $\Delta\frac{I}{G}<0$ 和 $\Delta I<0$，弱复钩和强复钩的充分条件分别为 $\Delta\frac{I}{G}>0$ 和 $\Delta I>0$。① 具体的脱钩和复钩程度可由图 6－2 所示。

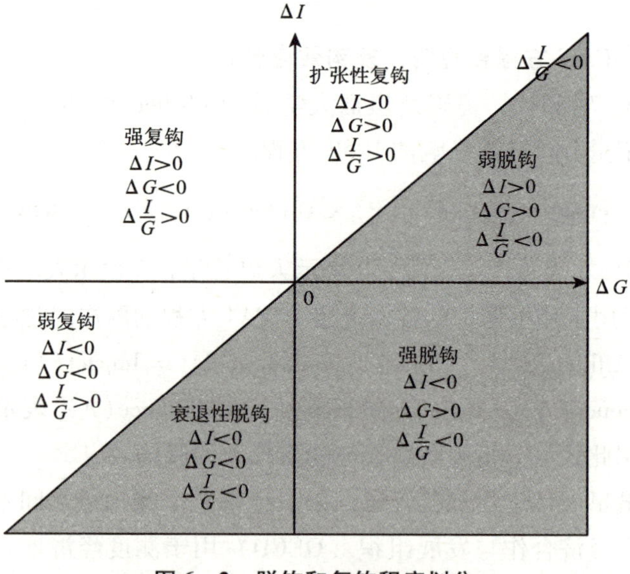

图 6－2 脱钩和复钩程度划分

图 6－2 中的白色区域表示复钩，灰色区域表示脱钩。

---

① 邱寿丰，诸大建，我国生态效率指标设计及其应用［J］．科学管理研究，2007，25(1)．

如图 6 -2 所示，白色部分代表复钩，灰色部分代表脱钩。在复钩区域，将复钩的类型区分为三种不同的程度——扩张性复钩、强复钩、弱复钩。当 G 正向变化、I 正向变化而 I/G 正向变化时为强复钩。当 G 负向变动、I 负向变动而 I/G 正向变化时为弱复钩。当 G 正向变动、I 正向变动而 I/G 正向变化时为扩张性复钩。脱钩的类型也可区分为三种不同的程度——衰退性脱钩、强脱钩、弱脱钩。当 G 正向变化、I 反向变化而 I/G 反向变化时为强脱钩。当 G 正向变动、I 正向变动而 I/G 反向变化时为弱脱钩。当 G 负向变动、I 负向变动而 I/G 反向变化时为衰退性脱钩。

（二）循环经济系统的脱钩和复钩效应分析

在循环经济的脱钩和复钩效应分析中，选用的 G 为 GDP，I 用物质吞吐量表征，用物质吞吐量来表征环境总压力（物质吞吐量 = 直接物质投入 + 国内直接物质排放），是因为社会经济系统对环境造成的总压力可以用经济系统从自然环境系统获取和动用的物质量以及排向环境系统的废物总量进行度量，即用经济系统的物质吞吐量来表征。经济系统的物质吞吐量越大，对自然环境的扰动范围和程度就越大，造成的环境损失也就越大。环境总压力的测算结果如表 6 -21 所示。I/G 表示技术进步的水平。

表 6 -21　　环境总压力测算　　单位：万吨

年份	直接物质投入	国内直接物质排放	环境总压力	年份	直接物质投入	国内直接物质排放	环境总压力
	(1)	(2)	(3) = (1) + (2)		(1)	(2)	(3) = (1) + (2)
2004	7697.37	2155.46	9852.83	2010	11122.61	3222.27	14344.88
2005	8221.90	2388.90	10610.80	2011	11880.19	3540.35	15420.54
2006	9037.79	2552.41	11590.20	2012	12015.77	3608.33	15624.10
2007	9694.18	2651.13	12345.31	2013	13020.16	3594.97	16615.13
2008	10500.21	2892.09	13392.30	2014	14030.02	3583.12	17613.14
2009	10710.64	3177.71	13888.35	2015	14841.22	3633.36	18474.58

在2004～2015年GDP、环境总压力测算数据的基础上，可研究我国循环经济发展的脱钩和复钩情况，分析结果如表6－22所示。

表6－22　　　　循环经济系统的脱钩和复钩效应分析

年份	I（GDP）万亿元	G（环境总压力）万吨	I/G 元/吨	ΔI	ΔG	Δ（I/G）	脱钩复钩情况
2004	16.0714	9852.83	16311.46	—	—	—	—
2005	18.5896	10610.80	17519.51	2.52	757.97	51.84	扩张性复钩
2006	21.7657	11590.20	18779.40	3.18	979.40	1670.90	扩张性复钩
2007	26.8019	12345.31	21710.19	5.04	755.11	－989.18	弱脱钩
2008	31.6752	13392.30	23651.80	4.87	1046.99	－707.16	弱脱钩
2009	34.5629	13888.35	24886.25	2.89	496.05	2384.45	扩张性复钩
2010	40.8903	14344.88	28505.15	6.33	456.53	－729.30	弱脱钩
2011	48.4124	15420.54	31394.75	7.52	1075.66	－98.51	弱脱钩
2012	53.4123	15624.10	34185.84	5.00	203.56	－1586.36	弱脱钩
2013	58.8019	16615.13	35390.57	5.39	991.03	－478.01	弱脱钩
2014	63.6139	17613.14	36117.30	4.81	998.01	－214.88	弱脱钩
2015	67.6708	18474.58	36629.14	4.06	861.44	51.84	扩张性复钩

2003年，我国开始将循环经济纳入科学发展观，2004年，在城市、区域、国家层面大力发展循环经济。如表6－22所示，在循环经济发展战略初期的2005～2006年呈现为扩张性复钩，即环境压力对比经济增长来说增长更快，因此经济发展会造成较严重的资源环境问题。随着循环经济成为重大战略决策，发展水平不断提高，2007～2008年及2010～2014年呈现为弱脱钩。但值得注意的是，在中国社会科学院2016经济形势座谈会上，有专家研究2005～2015年美国、日本和英国均实现了强脱钩。并且这三个国家的能源消费量已经越过最大值，呈现下行趋势，无论是能源弹性还是能源消费绝对量都在下降。但我国大部分年份属于弱脱钩，在物质减量化以及改进物质消耗结构方面仍然任重而道远。特

别是 2015 年我国经济发展与物质利用的关系呈现为由“弱脱钩”向“扩张性复钩”转变，其变动轨迹值得关注，需要采取各项措施使脱钩状态不断改善。

三、环境压力的影响因素分析

用于脱钩、复钩分析的 IPAT 方程简单且实用，但存在两方面的缺陷。一方面，IPAT 方程仅是一个数学公式，对于各种因素对环境影响的作用难以检验。另一方面，IPAT 方程仅假设环境影响对人口、收入和技术的弹性为 1。为了弥补 IPAT 方程的局限性，1994 年，Dietz 和 Rosa 将“IPAT”方程扩展为“STIRPAT”方程（可拓展的随机性的环境影响评估，Stochastic Impacts by Regression on Population，Affluence，and Technology)，方程式为：$I = aP^{\alpha}A^{\beta}T^{\gamma_{\varepsilon}}$，其中：a、α、β、γ 为变量参数，ε 为误差修正系数。将上式两边取对数：

$$\ln l = \ln a + \alpha \ln P + \beta \ln A + \gamma \ln T + \ln \varepsilon$$

以“STIRPAT”方程为基础，将环境压力设定为被解释变量，将经济发展、技术水平、人口、环境控制力度、资源禀赋、对外贸易、产业结构设定为解释变量，实证方程为：

$$\begin{aligned}\mathrm{lnHJYL} = {} & \mathrm{W} + \mathrm{alnEX} + \mathrm{blnPOPU} + \mathrm{clnRD} + \mathrm{dlnRGDP} + \mathrm{elnRP} \\ & + \mathrm{flnRW} + \mathrm{glnTHIRD} + \varepsilon\end{aligned}$$

方程式中，W 为常数项，EX 为出口，POPU 为人口，RD 为 R&D 经费支出，RGDP 为人均 GDP，RP 为环境污染治理投资，RW 为人均物质投入，THIRD 为第三产业比重，ε 为误差修正项。

之所以选择人均 GDP，是为了反映经济发展程度对环境压力的影响；选择 R&D 经费支出反映技术水平对环境压力的影响；人口的迅速增长会给环境带来巨大的压力，人口增长会带来物质消耗量的急增；环境控制力度是各项循环经济发展政策效果的体现，直接关系到环境压力的大小，因此用环境污染治理投资表现环境控制力度；用人均物质投入反映经济系统的物质消耗水平；产业结构对环境压力也具有明显作用，一般来说，第二产业对环境的破坏强度要高于第一产业和第三产业；用出口指标反映对外贸易对资源环境的影响。

在以上变量的相关数据基础上，通过逐步筛选变量，取得的拟合效果最好的回归方程如下：

$$\ln HJYL = 0.1737\ln RW + 1.0762\ln POPU + 0.7325\ln RGDP - 1.0612\ln THIRD$$

模型的各项检验结果如表6-23所示。

表6-23 模型检验结果

Variable	Coefficient	t-Statistic	Prob.
LNPOPU	1.0762	35.21387	0.0000
LNRGDP	0.7325	9.58621	0.0000
LNTHIRD	-1.0612	-3.72479	0.0250
LNRW	0.1737	6.14506	0.0007
R-squared	0.962044	Sum squared resid	0.004012
Adjusted R-squared	0.934529	Log likelihood	41.73289
S. E. of regression	0.116331	Durbin-Watson stat	2.012643

从表6-23可以看出，人均物质投入、人口、人均GDP、第三产业所占比重是影响环境压力的主要因素，模型结果较符合我国的现实情况，物质投入、人口和经济增长给环境带来了明显的正压力，而产业结构的升级优化减轻了环境压力。技术进步（R&D经费支出）、环境控制力度（环境污染治理投资）和对外贸易（出口）这三个变量均未通过检验，原因可能在于目前的技术进步水平未能有效地促进环境压力的降低，有关环境保护的政策效果也有待加强；也有可能与模型选取的代表性变量有关，未能很好地代表所考察的影响因素。

第五节　实证分析结论

第六章主要基于循环经济物质投入产出分析框架，对 2004 ~ 2015 年经济系统的物质流动情况进行了实证测算，得到的主要分析结论如下：

1. 循环经济物质投入产出表的物质消耗系数和物质循环结构系数的计算非常重要，因为他们反映了物质在生产、消费、资源恢复部门间相对稳定的物质投入产出关系。测算了我国经济系统在 2004 ~ 2015 年循环经济物质投入产出表的物质消耗系数和物质循环结构系数。为了进一步分析物质循环结构系数的变化趋势，研究我国经济系统不同时期的物质流动特征，将 2004 ~ 2015 年分成 2004 ~ 2009 年和 2010 ~ 2015 年两个阶段进行测算结果的对比分析。结果显示 2010 ~ 2015 年我国的平均物质循环结构系数比 2004 ~ 2009 年增长了 1.68%。平均物质循环结构系数的多少反映了单位物质进入经济系统后的使用效应。从平均物质循环结构系数的变化来看，我国在经济系统物质循环效率上的进步并不十分明显。

2. 从物质存量的情况看，生产部门、消费部门、资源恢复部门的物质存量都呈现出不断上升的态势。在物质存量的部门分布上，消费部门的物质存量占比最大，物质存量之所以集中于消费部门而非生产部门，主要原因是 2004 ~ 2015 年这一阶段，我国居民住房方面的物质积累规模巨大，另外生活耐用消费品的数额也不断增长。生产部门的物质存量规模位列第二，并以城市基础设施和机械设备为主。资源恢复部门的物质存量最小，一方面由于资源恢复行业对比生产部门和消费部门的规模小，另一方面资源恢复部门的物质存量主要以废弃物还原的基础设施和还原设备为主，在循环经济发展中我国的资源恢复产业还需进一步加强，可以预见资源恢复部门的物质存量的增速将加快。虽然我国各部门物质存量的增速均低于同期的 GDP 增速，但随着资源、环境问题进一步突出，我国目前急需使经济发展模式与循环经济的减量化、再利用、资源化的要求相契合。

3. 从物质存量变化的结构分解分析（SDA）结果来看，物质循环结构效应是导致生产部门物质存量变化的主要原因，其随着时间的推移，物质循环结构的作用日益增大。初始物质投入效应在2004～2015年这一阶段的初期与物质循环结构效应的贡献相当，但贡献份额总的趋势是不断下降的。消费部门和资源恢复部门物质存量变化的效应分解同生产部门的情况接近，物质循环结构效应无论是绝对数额还是相对数额均呈现明显的上升态势，而初始物质投入效应虽然绝对数额有微弱的上升，但相对数额却明显下降。以上分析结果说明物质循环结构效应相对于初始物质投入效应更加能够显著提升物质存量的变化。

4. 物质存量减量化倍数是在基期物质存量的累积规模基础上，度量经过一个较长的发展阶段后的报告期的物质存量累积规模相对于基期的变化。从物资存量减量化倍数的测算结果来看，生产部门、消费部门和资源恢复部门的物质存量减量化倍数均为正值，即物质存量的规模没有呈现绝对减量化，生产部门、消费部门和资源恢复部门的物质存量比基期稳定结构发展预期分别增加了0.5328倍、0.5993倍、0.4681倍的物质累积。其中，资源恢复部门的物质累积速度最为缓慢，消费部门的物质累积速度最快。物质存量减量化倍数的测算结果说明目前我国的环境压力并没有缓解的趋势，物质存量规模的不断增长还将进一步影响经济系统物质的输入、输出规模。

5. 为了进一步对经济系统的物质流动特征进行分析，就2004～2009年和2010～2015年分别测算了这两个阶段的物质消耗系数矩阵和完全消耗系数矩阵，并据此测算了两个阶段的平均物质循环效率。平均物质循环效率是反映经济系统物质流量循环效果的综合性分析指标。从物质循环效率的测算结果来看，2004～2009年经济系统每投入一吨物质，在经济系统内部经过多次循环利用后可多享受6.83%的物质效用，而在2010～2015年，循环利用效率有所提高，物质在经济系统循环利用后可以多享受9.86%的物质效用，整体效率提高了3.03%。另外，对2004~2009年和2010~2015年的物质流量变化进行结构分解分析，将物质流量变化归结为物质消耗结构影响、物质存量影响、出口影响和废弃物排放影响四个方面。从结构分解分析的结果来看，物质流量变化中物质存量因素的贡献最大，其份额占绝对优势，这与物质流动的使用以物质存量的形式累积于经济系统内部为主要去向有关。出口的影响次之，说明对外贸易对我国经济系统的物质流动影响也较大。物质消耗结构的作用使经济系统的物质流量变化降低，这与经济理论分析的结果一致，物质消耗结构的提升将对经济系统的物质投入、物质排放和物质存量规模均有减弱的效应。从部门物质流量变化的结构分解分析的结果来看，物质消耗结构对资源恢复部门的物质流量变化影响最大，物质存量对消费部门的物质流量变化影响最大，废弃物排放和出口对生产部门的物质流量变化影响最大。

6. 为了探讨如何合理调控物质消耗结构以实现经济系统的物质减量化，在2010~2015年的数据基础上，将不同的物质消耗结构（+10%或-10%的变化）对物质存量减量化倍数和物质循环效率的影响结果测算出来。从测算结果来看，减少消费环节的物质流量、减少出口、减少生产、消费和资源恢复环节的废弃物排放，均有利于物质存量减量化；而增加生产环节对资源恢复环节、消费环节对资源恢复环节的物质流量，增加资源恢复环节对生产环节、消费环节的物质转移，有利于物质存量减量化。其中影响最大的部门是生产部门。另外，物质消耗结构的变化对物质循环效率指标的变化影响较小，变化前后的影响程度均在1%左右浮动。使物质循环效率增长最快的因素是资源恢复部门对生产部门的物质转移。

7. 在实证测算结果的基础上，分析了循环经济的脱钩和复钩效应。从实证结果来看，在循环经济发展战略初期的2005~2006年经济系统呈现为扩张性复钩，即环境压力增长比经济增长更快。随着循环经济成为重大战略决策，循环经济发展水平不断提高，2007~2008年及2010~

2014 年经济系统呈现为弱脱钩。但 2015 年我国经济发展与物质利用的关系呈现为由“弱脱钩”向“扩张性复钩”转变，其变动轨迹值得关注。

8. 通过我国环境压力以及影响因素的实证分析，得出的主要结论是：我国环境压力不断增加，且年均增速未见放缓的态势，粗放型的经济增长模式还未从根本上转变；对于环境压力的影响因素实证分析发现，对环境压力影响最大的因素是经济增长、人口和人均物质投入；产业结构的升级明显能够降低环境压力；技术进步以及环境污染控制力度对环境压力的降低影响作用不明显。

第七章　政策建议及研究展望

第四章和第六章的实证测算结果，有助于加深对我国循环经济发展状况的认识，下面结合实证分析结论，针对我国循环经济实践发展中存在的突出问题，提出如下政策建议。

第一节　物质流动的总量调控

从第四章的经济系统物质流核算实证测算结果来看，虽然循环经济的发展对物质流动有一定正向效应，但经济系统的物质流动仍呈现粗放式的发展模式，“高投入、低效率、高排放”的特征非常明显。从宏观调控的角度来看，在物质流动的总量控制方面需要注意的问题有五点。

一、政府要成为循环经济发展的主要推手

单纯只依靠市场体制发展循环经济并不现实，利益优先的市场体制很难成为循环经济发展的土壤。因此政府要成为循环经济发展的主要推手，政府要依靠其行政力量大力推动循环经济的发展。首先，政府需要制定切实可行的循环经济发展战略，要了解本地区的资源环境现状，对循环经济的发展有全面的了解，制定循环经济发展的总体战略和实施细则。其次，政府部门制定循环经济实施细则时，应注意节能标准和淘汰

标准，通过这些产业标准淘汰落后产业；对生产工艺、流程、废弃物回收进行严格监测，保证现有企业的物质减量化及物质循环利用。最后，对新审批的企业加入绿色环保标准的要求，不符合要求的企业坚决不予批准。通过对落后企业的淘汰，现有企业的严密监控以及新入企业的高门槛控制，将循环经济在政府的引导下步入正轨，成为工作常态，而不是单纯停留在喊口号的阶段。

政府要利用财政手段增强对循环经济的支持力度。对于城市垃圾处理设施、环境综合处理设施、企业废弃物处理技术的研究与开发等，要成立专门的环境基金予以支持。对于专门从事废弃物无害化的企业，要给予税收优惠、投资优待或政府补贴。通过对资源利用小、环境破坏轻的循环经济产品进行标识，采取各项措施鼓励各方对循环经济标识产品的购买，政府部门要起到带头作用，政府采购中倡导绿色采购。

政府应积极构建有利于循环经济发展的体制条件和政策环境，积极促进产业结构优化升级，推进区域产业布局的合理调整。

可考虑由政府、金融机构和社会共同出资建立循环经济发展基金，用以作为环境技术开发、能源合理使用、尾矿库处理、生态环境恢复、废物再生处理设备的生产和购置、经营废弃物再生利用的企业和项目的收入。还要重点关注和支持循环经济生态工业园区建设，总结经验进行推广。

二、构建有利于循环经济发展的价格推动机制和产权机制

循环经济要得到长远发展，需要相关企业能看到明显的收益。因此要依赖市场，特别是依赖价格推动机制推动循环经济发展。在资源利用上，可以实施对自然资源的价格调控，对废弃物排放和处理的价格调控，以及差别价格（例如阶梯电价、阶梯水价）的使用，通过市场引导企业、居民尽可能地节约利用资源、提高资源利用效率。

产权界定不清晰会导致资源的归属不清，从而可能造成资源的无序

使用和浪费。政府要深化产权制度改革，在明晰产权的基础上，才有助于资源的有效管理和节约利用。

三、形成循环经济的技术支撑体系和法律支撑体系

技术进步是经济发展的根本性要素之一，循环经济也不例外。因此要鼓励创新，将循环经济关键技术的攻关纳入国家科技计划。重点研究一些降低资源消耗和环境污染的共性技术，例如垃圾降解和回收利用技术、环境监测技术等。发展循环经济技术支撑体系，通过构建循环经济核心技术研究和应用平台，鼓励技术的普及利用。

从循环经济发展情况较好的国家（例如日本、德国）经验来看，法制建设在循环经济发展中至关重要，一些企业敢于滥用资源、破坏环境，寻根究底在于违法的成本太低，因此要尽快构建循环经济发展的法律支撑体系。对已有的法律要坚决执行，有法必依，真正让微观经济主体在严格的资源环境限制下运行，对于破坏资源环境的行为予以惩处。要完善循环经济相关法律的制定，做到有法可依，要善于发现循环经济运行中的新情况和新问题，研究制定监管空白领域的相关法规，对于违法责任的认定要不断细化。

四、形成发展循环经济的良好社会氛围

要进一步加大宣传教育力度，提高全民发展循环经济的意识和参与水平，使公众认识到循环经济发展的重要性和必要性，形成环境友好的生活方式和消费方式。目前社会中，资源浪费、破坏环境的行为还是屡见不鲜，循环经济思想的传播还任重而道远。如果能在公众中形成人人从我做起、珍惜身边的资源和环境的良好氛围，循环经济也将从观念传播阶段转为形成公众意识的理想阶段。社会公众除了合理利用资源、爱护环境外，也将逐步接受绿色消费的理念，自觉购买对资源环境影响较

小的环保产品，从而又将促进企业注重绿色生产，形成全社会循环经济发展的良性循环。总之，公众的普遍参与是循环经济发展的持久动力，只有公众形成绿色的生活方式，在道德层面认同保护环境人人有责，循环经济才真正落到实处，具备社会基础。

各级政府也要彻底转变单纯追求 GDP 的政策目标，要把资源环境的保护放在重要的位置上。通过政府机构带头行动，媒体参与、典型宣传、倡导人们优先采购包装物较少或可循环使用的物品、经过生态设计或通过环境标志认证的产品等绿色消费形式，减少垃圾的产生。积极开展废旧纸张、电池、塑料制品等生活垃圾回收利用活动。

五、加强信息化建设

发达的信息网络在现代社会中必不可少，循环经济的发展同样离不开信息化建设。首先，在政府层面，要形成覆盖全国的环境监测评价体系，因为经济活动的环境影响非常可能突破行政区域的界限，各行政区域间要保证资源环境信息的共享和沟通；在行业层面，构建各行业的循环经济发展信息平台，将有力促进行业循环经济发展技术的传播和使用；在地区层面，循环经济的信息平台有助于各行业的沟通和交流，促使企业间的产业链接与资源整合，可能一个行业的废弃物正是另一个行业的合适原材料；在企业层面，利用信息化技术评测生产过程，是否各环节的生产都做到了减量化、再利用和资源化，促进企业循环经济的精细化管理；在社会层面，通过循环经济信息平台，促使公众真正参与到循环经济的建设中来。

第二节　物质循环结构的调控对策

从第六章基于 PIOT 的循环经济系统物质流动分析表明，决定经济系统内部物质流动的主要因素是物质循环结构，因此加强物质循环利用水平，提高物质使用效率，是推动循环经济发展的主要工作。提出的主要建议如下。

一、采用积极的生产措施

首先，在产业规划方面，要做到科学布局，在循环经济的发展中充分挖掘产业间的相关利用关系，通过产业集聚发挥产业之间资源利用的生态效应。

生态园区是目前各地区实施循环经济的主要形态，生态园区是循环经济的缩影，它充分利用生产主体间投入与利用的链接关系，力争使投入的资源和产生的废物最少。生态园区的建立，国际上有很多成功的案例可以供我们借鉴。积极推动生态园区的建设，将对循环经济的发展起到良好的示范作用。对于农业来说，要支持农牧结合的生态循环农业发展，将农业废弃物在循环农业中加以充分利用。

对于企业来说，清洁生产是大势所趋。政府要对企业的清洁生产进行严格审核，并对清洁生产的相关技术研发予以资金支持。推行清洁生产目前面临的最大问题是技术和资金不足，对于行业整体的关键清洁生产技术，要加以政府专项资金支持，并大力推广和示范。注重企业实施清洁生产的经济效益和环境效益共赢。

二、加大废弃物综合利用支持力度

废弃物的资源化和再利用是循环经济发展的关键环节。目前废弃物综合利用面临的突出问题是成本往往很高，很多企业、农户无法承受废弃物综合利用的高成本，积极性较低。因此宏观层面应加大废弃物综合利用的补偿力度，对工业和农业废弃物等加大管理力度，严格禁止私自填埋和焚烧，对相关市场主体购买废弃物处理和再利用设备予以补贴。

扶植以废弃物资源化为主业的企业的发展，引导废弃物资源化产业向规模化、高效化方向迈进。加强废弃物收储运体系的建设，完善的废弃物收储运体系的建立，有助于废弃物产业的良性发展。对于废弃物综合利用的相关技术要加大开发力度，目前我国的废弃物综合利用的技术还面临诸多问题，很多关键技术未能有效解决。

三、发挥示范点和典型企业在发展循环经济中的推动作用

为促进循环经济的发展，应充分发挥示范点单位的标杆作用。树立一批清洁生产的示范企业、实施资源优化配置的示范生态园区、实施整体社会循环经济的示范地区。通过示范点单位的建设，扩大其辐射和带动作用，有助于将成熟的经验和循环经济发展模式向更大范围推广。示范点单位在建设过程中，将形成特色的循环生产链，为相关企业、产业的发展提供模板。也将培养一批循环经济方面的专业人才，为循环经济的长期发展及标准化模式的建立提供智力方面的支持。

四、强化源头控制、重视资源有效利用

物质流动总量和物质循环结构的调控，都需要强化源头控制。在物质从自然界开采投入生产过程的阶段，就需要采取措施防止过度开采，特别重视开采过程中对环境的破坏，对环境影响大的资源开采项目要谨慎对待，已经开采的资源要重视充分利用，提高开采率和回收利用率；在物质排放方面，要严格监管企业的排污行为，争取做到实时监控。企业不仅要配备完善的环保设施，而且要对环保设施运行实施有效管理。对于大气污染和水污染，要及时发现、查处偷排乱排现象，及时监测水质、大气质量状况，并采取有效措施予以治理。对于生活垃圾要逐步实现分类回收，对于农药的使用要进行严格管控。环保部门的区域划分要明确，责任到人，源头控制的工作要能保证常态化。

第三节 研究展望

研究中提出了循环经济统计测度的基本分析框架，但研究主要限于国家的整体经济系统，对于区域层面、企业和家庭层面的循环经济统计测度问题研究还有待展开。区域层面循环经济统计测度的基本思路与经济系统类似，待探讨的关键问题在于基础数据收集系统的不断完善以及不同区域间的物质投入、排放关系如何科学测度。企业和家庭层面的循环经济测度意义重大，因为企业和家庭是经济运行的微观单位。只有微观主体切实贯彻循环经济的发展原则，宏观经济系统的循环经济发展才具备坚实的发展基础，因此对于企业和家庭的循环经济进行监控和测度，将有助于整个社会经济系统循环经济的发展。

在本书的循环经济统计测度中，关注的核心问题是经济系统的“物质流动”，但必须注意的是，经济系统中一些大的物质流经常会主宰以质量为基础的各项总量分析指标，且不同的物质流可能会带来不同的环境影响。正因为物质流量的大小并不与其带来的环境影响成正比，所以会弱化循环经济各总量指标与物质流动带来的环境影响之间的关系，解决办法之一是针对特定的物质和资源（对环境影响较大或重要的物质和资源）展开专项核算与分析，通过分析物质向环境排放的过程、主要途径、经济系统内部的物质存储和流动情况，达到专项循环经济核算分析以及环境监控的目的。解决办法之二是可以考虑采用能值分析方法对循环经济统计测度方法进行进一步改进。在循环经济统计测度的物质流量分析中，我们可以将各种形式的物质转换为同一标准的能值后加以比较和分析。各种物质能值转化率的测算比较复杂，虽然有些可以借鉴的测算资料，但对于开展循环经济统计测度涉及的物质总类来说还远远不够，实践性较差，需要在后续研究中进一步加以关注。

最后，本书重在给出一国经济系统循环经济统计测度的整体框架，理论性较强，但对核算实施的细节关注不够。要推动循环经济统计测度的实践开展，还有很多问题需要进一步研究和确定，例如如何统一数据来源，怎样通过完善现有的数据收集系统达到循环经济统计测度的数据要求，具体如何开展我国生态包袱系数的测算工作等。希望越来越多的学者和实际部门工作人员关注循环经济统计测度问题，尽快形成我国较为科学完善的循环经济统计测度实施框架，更好地服务于我国的循环经济发展。

参考文献

[1] 鲍智弥．大连市环境—经济系统的物质流分析［D］．大连理工大学，2010.

[2] 平卫英．基于 MFA 的中国环境压力测度及影响因素分析［J］．统计与决策，2015.

[3] 曹旭．中国发展循环经济的区域效果分析［D］．辽宁大学，2011.

[4] 向书坚，平卫英．循环经济统计核算问题研究述评——兼论我国循环经济统计核算的可行模式［J］．统计研究，2008，11（2）.

[5] 陈波，杨建新，石垚，欧阳志云．城市物质流分析框架及其指标体系构建［J］．生态学报，2010，30（22）：6289－6296.

[6] 陈东景，郑伟，郭惠丽，付元宾．基于物质流分析方法的生态海岛建设研究——以长海县为例［J］．生态学报，2014，34（1）：1－9.

[7] 陈硕颖．国外循环经济研究状况述评及其对我国的启示［J］．中共杭州市委党校学报，2007（3）：76－80.

[8] 柴玲玲．广东省农业循环经济发展评价研究［D］．中国农业科学院，2010.

[9] 池启水，池启参，毛红燕，马燕林．基于 DEA 方法的北京市循环经济效率评价［J］．生态经济，2010（2）：74－78.

[10] 崔木花．区域循环经济发展综合评价及实证研究［J］．技术经济，2009，28（12）：33－37.

[11] 崔兆杰，张凯．循环经济理论与方法 [M]．北京：科学出版社，2008.

[12] 杜道华．基于循环经济的两型社会物流评价指标体系研究 [D]．中南大学，2011.

[13] 平卫英 钟春兰．基于支持向量机的中国循环省域循环经济评价研究 [J]．北京工商大学学报 . 2014 (11).

[14] 冯久田．基于循环经济的生态工业理论研究与实证分析 [D]．武汉理工大学，2005.

[15] 冯彦明，王茜．新疆循环经济发展水平评价 [J]．经济与管理，2010，24 (12)：64 – 68.

[16] 冯彦明，王茜．循环经济评价指标体系初探 [J]．经济师，2010 (12).

[17] 冯之浚．论循环经济 [J]．中国软科学，2004 (10).

[18] 冯之浚．循环经济是新的经济增长方式 [N]．光明日报，2007 – 1 – 30.

[19] 付晓灵．湖北省循环经济指标体系设计及其评价 [J]．统计与决策，2010 (9)：34 – 35.

[20] 高昂，张道宏，韩海燕．循环经济视角下的微观层面物质流特征研究 [J]．生产力研究，2010 (1)：117 – 119.

[21] 高昂，张道宏．循环经济的物质流流动规律研究 [J]．中国流通经济，2010 (3)：45 – 49.

[22] 高昂．循环经济物质流特征与流动规律研究 [D]．西北大学，2010.

[23] 高敏雪．环境统计与环境经济核算 [M]．北京：中国统计出版社，2000.

[24] 耿殿明，刘佳翔．基于物质流分析的区域循环经济发展动态研究——以山东省为例 [J]．华东经济管理，2012，26 (6)：51 – 54.

[25] 郭辉．江西省工业循环经济发展水平研究 [M]．江西财经大

学，2012.

［26］韩增林，王泽宇. 辽宁沿海地区循环经济发展综合评价［J］. 地理科学，2009，29（2）：147－152.

［27］何庆光，周平. 广西循环经济发展状况综合评价［J］. 经济研究参考，2010（5）：60－64.

［28］黄和平，毕军，李祥妹. 区域生态经济系统的物质输入与输出分析——以常州市武进区为例［J］. 生态学报，2006，26（8）：20－27.

［29］黄和平，毕军. 基于物质流分析的区域循环经济评价——以常州市武进区为例［J］. 资源科学，2006，28（6）：20－26.

［30］黄怀友. 循环经济规划的理论、方法及初步应用［D］. 东南大学，2005.

［31］刘旌. 循环经济发展研究［D］. 天津大学，2012.

［32］黄晓芬，诸大建. 上海市经济—环境系统的物质输入分析［J］. 中国人口·资源与环境，2007，17（3）：96－99.

［33］侯丽媛. 城市循环经济建设的规划和评价研究［D］. 天津大学，2005.

［34］姜瑾. 基于目标逼近法的我国循环经济发展评价研究［J］. 资源与产业，2013，15（2）：1－6.

［35］靳翠翠，李新春. 上海市循环经济发展水平的动态评价研究［J］. 特区经济，2010（8）：60－61.

［36］姜文英，柴立元，何德文，欧阳丽伟. 循环经济建设中物质流分析的研究现状与进展［J］. 工业安全与环保，2006，32（4）：48－50.

［37］鞠妍，杨明华. 基于循环经济评价指标体系的实证研究——以江苏为例［J］. 北方经济，2011（8）.

［38］孔鹏志. 我国经济系统的物质流核算与循环结构研究［D］. 上海交通大学，2011.

［39］黎雪林. 我国循环经济的系统分析、评价与管理研究［D］.

暨南大学，2007.

[40] 李慧明，王磊．基于循环经济深入发展的减物质化多重因素分解 [J]．资源科学，2008，30（10）：1484－1490.

[41] 李晓君．基于物质流方法对山东省循环经济发展的研究 [D]．青岛大学，2008.

[42] 李雪梅，周耀东．循环经济研究方法论初探 [J]．生产力研究，2008（4）：5－7.

[43] 李岩．日本循环经济研究 [D]．辽宁大学，2010.

[44] 刘滨，王苏亮，吴宗鑫．试论以物质流分析方法为基础建立我国循环经济指标体系 [J]．中国人口·资源与环境，2005，15（4）：32－36.

[45] 刘滨，向辉，王苏亮．以物质流分析方法为基础核算我国循环经济主要指标 [J]．中国人口·资源与环境，2006，26（4）：65－68.

[46] 刘敬智．中国的物质流账户及资源效率革命 [D]．东北大学，2006.

[47] 刘敬智，王青，顾晓薇等．中国经济系统直接物质投入与减量分析 [J]．资源科学，2005，27（1）：46－51.

[48] 刘旌．循环经济发展研究 [D]．天津大学，2012.

[49] 刘晓薇，吴开亚，万伦来．安徽省生态经济系统的物质流分析 [J]．合肥工业大学学报，2011，34（7）：1066－1071.

[50] 刘新贵，婷婷．新疆循环经济发展水平评价 [J]．经济研究导刊，2009（2）.

[51] 刘云忠．中国循环经济评价体系构建及实证分析 [J]．统计与信息论坛，2011（9）.

[52] 刘益明，刘书俊．循环经济发展评价的生态效率测算模型及应用 [J]．环境保护科学，2013，39（6）：54－57.

[53] 刘毅．区域循环经济发展模式评价及其路径演进研究 [D]．天津大学，2012.

[54] 刘宇辉．生态工业园区循环经济评价指标体系研究［J］．商业时代，2009（31）．

[55] 陆钟武，岳强．物质流分析的两种方法及应用［J］．理论探讨，2006（2）：17－18．

[56] 吕洁华，安云芳．区域循环经济统计指标体系建立与综合评价研究［D］．学术交流，2009（3）：106－110．

[57] 穆瑞欣．城市循环经济发展评价理论与实证研究［D］．中南大学，2009．

[58] 牛桂敏．循环经济评价体系的构建［J］．城市环境与城市生态，2005（18）：4－7．

[59] 牛会娟．河南省循环经济发展评价研究［D］．郑州大学，2011．

[60] 牛晓冬．中国市域循环经济绩效评价研究［D］．山西财经大学，2013．

[61] 潘鹏杰．城市循环经济发展评价指标体系构建与实证研究［J］．学习与探索，2010（5）：184－185．

[62] 潘永昕，李体康．甘肃省循环经济发展评价及对策研究［J］．开发研究，2012（2）：31－35．

[63] 平卫英．基于物质流分析的循环经济评价体系构建及实证分析［J］．生态经济，2011（8）：38－43．

[64] 齐建国，尤完，杨涛．现代循环经济理论与运行机制［M］．北京：新华出版社，2006．

[65] 钱翌，寻涛，赵荣敏．青岛市循环经济发展水平综合评价［J］．环境科学与技术，2009，32（5）：200－205．

[66] 秦钟，王建武，章家恩，骆世明，叶延琼．广东省循环经济发展的评价与实证研究［J］．生态经济，2009（8）．

[67] 邱寿丰．循环经济规划的生态效率方法及应用［D］．同济大学，2007．

[68] 曲格平. 发展循环经济是21世纪的大趋势 [J]. 机电产品开发与创新, 2001 (6): 10-13.

[69] 冉仕江. 重庆市循环经济发展水平评价体系的构建及实证研究 [D]. 湖北大学, 2012.

[70] 单永娟. 北京地区经济系统物质流分析的应用研究 [D]. 北京林业大学, 2007.

[71] 沈鸿, 赵永乐, 张晨雨. 西部地区循环经济评价指标体系及实证研究 [J]. 工业技术经济, 2010, 29 (1): 80-84.

[72] 沈怀军. 安徽省环境经济系统的物质流分析 [D]. 合肥工业大学, 2007.

[73] 沈万斌, 赵涛, 刘鹏, 高凯, 路红军. 物质流分析模型的应用研究 [J]. 东北师大学报, 2009, 41 (1): 127-131.

[74] 石广明. 贵阳市循环经济发展评价指标体系与评价方法研究 [D]. 贵州大学, 2009.

[75] 史宝娟, 赵国杰. 城市循环经济系统评价指标体系与评价模型的构建研究 [J]. 现代财经, 2007 (5): 5-6.

[76] 孙卫. 发展循环经济的国际比较与战略思考 [J]. 科学学与科学技术管理, 2005 (1): 95-99.

[77] 苏杨, 周宏春. 发展循环经济的几个基本问题 [J]. 经济理论与经济管理, 2004 (10): 19-22.

[78] 陶在朴. 生态包袱与生态足迹——可持续发展的重量及面积观念 [M]. 北京: 经济科学出版社, 2003.

[79] 汪静. 区域循环经济发展动态监测评价研究 [D]. 长沙理工大学, 2009.

[80] 王佰梅, 吴钢. 基于物质流分析方法的煤炭资源型区域循环经济评价指标体系研究 [J]. 煤炭经济研究, 2008 (11): 42-44.

[81] 王国印. 论循环经济的本质与政策启示 [J]. 中国软件科学, 2012 (1): 26-37.

[82] 王军峰. 循环经济与物质经济代谢分析 [M]. 北京: 中国环境科学出版社, 2008.

[83] 王乐, 金彦龙, 李庆满. 辽宁省循环经济发展评价研究——沿海城市与内陆城市的比较 [J]. 经济研究参考, 2013 (27): 12-18.

[84] 王鲁明. 区域循环经济发展模式研究 [D]. 中国海洋大学, 2005.

[85] 王茂祯, 冯之浚. 循环经济创新评价指标体系研究 [J]. 中国人口·资源与环境, 2012, 22 (4): 163-166.

[86] 王茂祯. 循环经济创新研究 [D]. 上海大学, 2011.

[87] 王奇, 王会. 循环经济的定量化评价方法研究 [J]. 中国人口·资源与环境, 2007, 17 (1): 33-36.

[88] 王珊. 我国循环经济发展测评研究 [J]. 江西农业大学学报, 2010, 9 (4): 81-83.

[89] 王先述. 中国循环经济发展研究 [J]. 科学管理研究, 2010, 28 (1): 53-57.

[90] 王晓冬. 国外循环经济发展经验——一种制度经济学的分析 [D]. 吉林大学, 2010.

[91] 王晓玲, 殷克东, 方景清. 我国区域循环经济发展的综合评价 [J]. 海洋开发与管理, 2010, 27 (3): 76-79.

[92] 王益恒. 关于建立循环经济指标体系的思考 [J]. 中国统计, 2005 (8).

[93] 文春波, 孟超. 河南省工业循环经济评价分析及发展对策研究 [J]. 河南科学, 2011, 29 (3): 375-378.

[94] 吴季松. 新循环经济学 [M]. 北京: 清华大学出版社, 2005.

[95] 邢蓉, 刘云. 北京市循环经济指标体系的建立及其评价研究 [J]. 北京理工大学学报, 2010, 12 (6): 53-56.

[96] 徐福军, 马俊杰. 基于物质流分析的区域循环经济评价指标体系构建——以陕西省榆林市为例 [J]. 地下水, 2011, 33 (1):

158 – 159.

[97] 杨华峰，张华玲．论循环经济评价指标体系的构建 [J]．科学学与科学技术管理，2005 (9)：123 – 127.

[98] 杨雪锋．循环经济的运行机制研究 [D]．华中科技大学，2006.

[99] 杨彦明，傅建伟，薛永杰，陈彤．内蒙古自治区农业循环经济相对有效性评价 [J]．内蒙古农业科技，2010，(5)：26 – 29.

[100] 姚星期．基于物质流核算的浙江省循环经济研究 [D]．北京林业大学，2009.

[101] 尹晓红．区域循环经济发展评价与运行体系研究 [D]．天津大学，2009.

[102] 于丽英，冯之浚．城市循环经济评价指标体系的设计 [J]．中国软科学，2005 (12)：44 – 53.

[103] 章波，黄贤金．循环经济发展指标体系研究及实证评价 [J]．中国人口·资源与环境，2005 (3)：22 – 26.

[104] 张晖，郭宝华，熊英．城市循环经济发展综合评价体系及方法研究 [J]．市场论坛，2010 (3)：1 – 4.

[105] 张楷，周国梅等．物质流分析理论方法与循环经济评价指标体系研究（阶段报告）.

[106] 张礼军．基于物质流和生态足迹核算的甘肃省循环经济评价研究 [D]．兰州大学，2011.

[107] 张小冲，张学军．循环经济发展之路 [M]．北京：人民出版社，2006.

[108] 张亚红．陕西省循环经济综合评价指标体研究 [D]．西北大学，2010.

[109] 张永安．城市循环经济评价指标体系的实证研究 [D]．北京邮电大学，2010.

[110] 张永凯，陈润羊．循环经济发展评价的指标体系构建与实证

分析——以甘肃省为例［J］. 2012 (6): 81-86.

［111］张贞臻. 深圳市发展循环经济的实证研究［D］. 吉林大学, 2010.

［112］赵玉川. 循环经济统计的重要模式——物质流核算［J］. 中国发展, 2006 (2): 17-23.

［113］赵波, 李根荣. 区域农业循环经济评价指标体系构建与实证研究［J］. 农机研究, 2012 (4): 8-12.

［114］赵越. 科学发展观视阈下中国循环经济发展研究［D］. 吉林大学, 2011.

［115］钟太洋, 黄贤金等. 区域循环经济发展评价: 方法、指标体系与实证研究——以江苏省为例［J］. 资源科学, 2006 (3): 154-162.

［116］周国梅, 任勇, 陈燕平. 发展循环经济的国际经验和对我国的启示［J］. 中国人口·资源与环境, 2005, 15 (4): 137-141.

［117］周兴龙. 矿业循环经济及其物质流分析研究［D］. 昆明理工大学, 2008.

［118］朱春燕. 物质流分析简介［J］. 中国统计, 2013 (4): 40-42.

［119］诸葛欢. 山东省循环经济发展模式研究［D］. 山东大学, 2011.

［120］王明远. "循环经济" 概念辨析［J］. 中国人口·资源与环境, 2005 (12).

［121］吉小燕. 基于循环经济的区域产业结构优化［D］. 河海大学, 2006.

［122］付炳中. 资源节约型和环境友好型社会构建研究［D］. 青岛大学, 2008.

［123］冯之浚. 我国的循环经济与立法研究［J］. 浙江树人大学学报, 2007 (5).

［124］乔刚. 生态文明视角下的循环经济立法研究［D］. 西南政

法大学，2010.

[125] 左红英．区域循环经济体系及其运行研究［D］．上海交通大学，2007.

[126] 万纤．区域循环经济评价研究［D］．华东师范大学，2014.

[127] 李昕．区域循环经济理论基础和发展实践研究［D］．吉林大学，2007.

[128] 欧红伟．我国循环经济发展现状与对策研究［D］．天津大学，2009.

[129] 张健．山东省绿色 GDP 核算体系构建与应用研究［D］．山东师范大学硕士论文，2007.

[130] 齐援军．国内外绿色 GDP 研究的总体进展［J］．经济研究参考，2004（3）.

[131] 宋达扬．江苏省绿色 GDP 核算应用研究［D］．河海大学，2006.

[132] 程欢等．基于可持续发展的物质流分析研究进展［J］．环境科学与管理，2011（10）.

[133] 周琳．湖南省循环经济发展评价与对策研究［D］．湖南大学，2017.

[134] 张雪源．基于 MFA 的辽宁省可持续发展研究［D］．东北财经大学，2012.

[135] 贾向丹，李静．物质流分析国内研究综述［J］．合作经济与科技，2013.

[136] 葛振华．中国金属矿产开发物质流分析［D］．中国地质大学，2007.

[137] 平卫英．物质流核算的投入产出分析框架研究［J］．经济统计学（季刊），2015.

[138] 平卫英．物质流核算的投入产出分析框架研究［J］．经济统计学（季刊），2015.

[139] 投入产出分析－百度百科 http：//baike. baidu. com/link？url = ttKeM-Oau-T4E-w32f3EvaPJclocs120qcVvosDBky3o9Dui4UaccG9UlEi4MVo-mL- EzTwRF7d4zh4DGUYu _ MsnfSTcNtonr _ QUL _ bkVB8UUmaPPttChGOi1Uw2EUSAQFGqyPYucOAyKWpKs_0Lr3_.

[140] 孟帮燕．资源循环利用经济效益评价模式研究［D］．重庆大学，2006.

[141] 李玲．河北省能源—经济—环境投入产出核算研究［D］．石家庄经济学院，2009.

[142] 王素芹．投入产出分析方法是我国经济管理的重要工具和手段［N］．中国信息报，2005－06－28.

[143] 王志华．浅谈循环经济统计核算的目的及核算框架设计［J］．行政事业资产与财务，2004（3）.

[144] 尹科．珠三角环境经济系统的物质流分析［D］．湖南农业大学，2009.

[145] 瞿泓滢．中国金矿资源开发中的生态包袱［D］．中国地质大学，2007.

[146] 顾晓薇．国家环境压力指标体系及减量化研究［D］．东北大学，2009.

[147] 陈晓．基于生态经济学模型的新疆可持续发展度量研究［D］．新疆大学，2005.

[148] 刘军．基于生态经济效率的适应性城市产业生态转型研究［D］．兰州大学，2006.

[149] 周震峰．基于 MFA 的区域物质代谢研究［D］．中国海洋大学，2006.

[150] 周莹燕．基于 MFA 的鄂尔多斯市可持续发展研究［M］．内蒙古大学，2011.

[151] 葛振华．中国金融矿产开发物质流分析［D］．中国地质大学，2007.

[152] 张雪源. 基于 MFA 的辽宁省可持续发展研究 [D]. 东北财经大学，2012.

[153] 陈璋，张晓娣. 投入产出分析若干方法论问题的研究 [J]. 数量经济技术经济研究，2005.

[154] 刘沅涛. 江西省对外贸易对能源消耗碳排放的影响研究 [D]. 中国矿业大学，2016.

[155] 佟金萍，曹倩等. 区域经济发展与能源消耗的脱钩效应及预测分析 [J]. 商业经济研究，2015 (12).

[156] 宋德勇，金荣学. 循环经济是湖北实现可持续发展的必由之路 [J]. 理论月刊，2005 (11).

[157] 刘云兵. 论建立发展循环经济的政策、法律体系 [J]. 科技与经济，2005 (8).

[158] 论建立发展循环经济的政策法律体系 http：//www. studa. net/jingji/100510/14314195 -2. html.

[159] 马世忠. 循环经济指标体系与支撑体系研究 [D]. 中国海洋大学，2006.

[160] 马凯. 加快发展循环经济的总体思路和主要措施　发改委主任马凯在全国循环经济工作会议上的讲话 [J]. 江苏建材，2004 (11).

[161] 马凯. 加快循环经济的总体思路和措施 [J]. 中国创业投资与高科技，2004 (12).

[162] 刘轶芳. 循环经济投入产出模型研究 [D]. 中国科学院研究生院，2008.

[163] 林莎莎. 我国发展循环经济的现状及建议措施 [J]. 现代经济信息，2013 (10).

[164] Bringezu Stefan, Fischer-Kowalski Marina, Kleijn Rene, et al. Analysis for Action: Support for Policy towards Sustainability by Material Flow Accounting [R]. Wuppertal: Wuppertal Institute, 1997.

[165] Cassing J. , T. Kuhn. Strategic Environmental Policies When

Waste Product Are Tradable [J]. Review of International Economics, 2003 (11): 495 -511.

[166] Das, Sujit, Curlee, T. Randall and Rizy, Colleen G., Automobile Recycling in the United States: Energy Impacts and Waste Generation [J]. Resources Conservation and Recycling, 1995, 14 (3 -4): 265 -284.

[167] Di Vita, Giuseppe. Renewable Resources and Waste Recycling [J]. Environmental Modeling and Assessment, 2004 (9): 159 -167.

[168] Ekins, P. From Green GDP to the Sustainability Gap: Recent Developments in National Environmental Economic Accounting [J]. Environmental Assessment Policy and Management, 2001, 3 (1): 61 -93.

[169] Ekins, P. and S. Simon. The Sustainability Gap: A Practical Indicator of Sustainability in the Framework of The National Accounts [J]. International Journal for Sustainable Development, 1999, 2 (1): 32 -58.

[170] Emily Matthews. Resource Flows [R]. Washington D C: World Resource Institute, 2000.

[171] Emily Matthews. The Weight of Nation [R]. Washington D C: World Resource Institute, 2000.

[172] European Commission. Material Flow Accounts, DMI and DMC for Sweden 1987 -1997 [R]. Eurostat. Working Papers, 2/2000/B/2.

[173] EUROSTAT. Economy-wide Material Flow Accounts and Derived Indicators: Methodological Guide [M]. Luxembourg: EUROSTAT, 2001. 9 -15.

[174] EUROSTAT. Material Use in the European Union 1980 -2000: Indicators and Analysis [R]. Luxembourg: Statistical Office of the European Union, 2002.

[175] Femia A. A Material Flow Account for Italy 1988 [R]. Luxembourg: Eurostat Working Papers, 2000.

[176] F. den Hond. Industrial Ecology: a Review [J]. Regional En-

vironmental Change, 2000, 1 (2): 60 - 69.

[177] Fischer-Kowalski, M. and C. Amann. Beyond IPAT and Kuznets Curves: Globalization as a Vital Factor in Analyzing the Environmental Impact of Socio-Economic Metabolism [J]. Population and Environment, 2001, 23 (1): 7 - 47.

[178] Fischer-Kowalski. Society's Metabolism, The Intellectual History of Materials Flow Analysis, Part I, 1860 - 1970 [J]. Journal of Industrial Ecology, 1998, 3 (1): 61 - 78.

[179] Fischer, H., K. Lichtblau, B. Meyer and J. Scheelhaase. Growth and Employment Impulses of Profitable Material Savings [J]. Wirtschaftsdiens, 2004, 84 (4): 247 - 254.

[180] Helga Weisz, Christof Amann, et al. The Physical Economy of the European Union: Cross-Country Comparison and Determinants of Material Consumption [EB/OL]. www. elsevier. com / locate/ecolecon, 2006: 3 - 12.

[181] Hubacek K., S. Giljum. Applying Physical Input-Output Analysis to Estimate Land Appropriation (Ecological Footprints) of International Trade Activities. Ecological Economics, 2003, 44 (1): 137 - 151.

[182] Kondo, Yasuo, Hirai, Ko-suke and Kawamoto, Ryota. A Discussion on the Resource Circulation Strategy of the Refrigerator, Resources Conservation and Recycling, 2001, 33 (3): 153 - 165.

[183] Korhonen J. Four Ecosystem Principles for an Industrial Ecosystem [J]. J of Cleaner Production, 2002, 9 (3).

[184] Koji Takase, Yasushi and Ayu Washizu. An Analysis of Sustainable Consumption by the Waste Input-Output Model [J]. Journal of Industrial Ecology, 2005 (1): 201 - 219.

[185] Leontief W. Input-output Economics [M]. Oxford University Press, Oxford, 1986.

[186] Markandya A. and Tamborra, M. (eds). Green Accounting in

Europe-A Comparative Study [M] (Vol. 2), Kluwer Academic Publishers, Dordrecht, forthcoming, 2000.

[187] Measuring Sustainable Development: Achievement and Challenge, United Nations Division for Sustainable Development Expert Meeting on Indicators of Sustainable Development, New York, 13 – 15 December 2005.

[188] Ministry of the Environment. Material Flow Accounting as a Measure of the Total Consumption of Natural Resources [R]. The Finnish Environment 287. Helsinki: Ministry of the Environment, 1999.

[189] Muradian R. and J. Martinez-Alier. South-North Materials Flow.

[190] Environmental Repercussions. Innovation, 2001, 14 (2): 171 – 188.

[191] OECD. Recommendation on Material Flows and Resource Productivity. Adopted by the OECD Council on 21 April 2004. Paris: OECD, 2004.

[192] Paul H, Helmut R. Practical Handbook of Material Flow Analysis [M]. Boca Raton London New York Washington D C: Lewis Publishers, 2004: 1 – 318.

[193] Pezzey J. Economic Analysis of Sustainable Growth and Sustainable Development [M]. Environmental Working Paper No. 15, Washington. D. C: The World Bank, 1989.

[194] Pittlel Karen, Amigues, Jean-Pierre and Kuhn Thomas. Endogenous Growth and Recycling: A Material Balance Approach [R]. Institute of Economic Research, Swiss Federal Institute of Technology Zurich, 2005.

[195] Repetto Retal. Wasting Assets, Natural Resources in the National Income Accounts [M]. Washington . D. C: World Resources Institute, 1989.

[196] Reijnders L. A Normative Strategy for Sustainable Resource Choice and Recycling [J]. Resources Conservation and Recycling, 2000, 28 (1): 121 – 133.

[197] Robert Costing etc. The Value of the World's Ecosystem Services

and Natural Capital [J]. Ecological economics, 1998 (25).

[198] Robert U. Ayres, Udo E. Sinmonis. Industrial Metabolism [M]. Japan, Tokyo: United Nations University Press, 1994.

[199] Roefie Hutting etc. The Concept of Environmental Function and Its Valuation [J]. Ecological Economics, 1998 (25).

[200] Ross, Stuart, Evans, David. The Environmental Effect of Reusing and Recycling—A Plastic-based Packaging System. Journal of Cleaner production, 2003, 11 (5): 561 -571.

[201] Schmidt-Bleek F. A Universal Ecological Measure [M]. Fresenius Environmental Bulletin, 1993, 2: 407 -412.

[202] Schütz, H. Technical Details of National Material Flow Accounting (Inputside) for Germany [R]. Wuppertal: Wuppertal Institute, 1999.

[203] Scasny, M., J. Kovanda and T. Hak. Material Flow Accounts, Balances and Derived Indicators the Czech Republic During the 1990s: Results and Recommendations for Methodological Improvements. Ecological Economics, 2003, 45 (1): 41 -57.

[204] Shigemi Kagawa, Hajime Inamura and Yuichi Moriguchi. A Simple Multi-Regional Input-Output Account for Waste Analysis [J]. Economic Systems Research, 2004 (16): 20 -49.

[205] Shinichiro Nakamura, Yasushi Kondo. Input-Output Analysis of Waste Management [J]. Journal of Industrial Ecology, 2002 (1): 39 -63.

[206] Stefan Bringezn, Helmut Schutz, Stephan Moll. Rationale for and Interpretation of Economy-Wide Materials Flow Analysis and Derived Indicators [J]. Journal of Industrial Ecology, 2003, 7 (2): 43 -64.

[207] Theys J. Environmental Accounting in Development Policy: the French Experience [M]. Environmental Accounting for Sustainable Development, Washington. D. C: The World Bank, 1989.

[208] Tilton, John E., The Future of Recycling [J]. Resources Poli-

cy, 1999, 25 (3): 197 – 204.

[209] Tom Tietenberg. Environmental and Natural Resource Economics [M]. fifth edition. Addison Wesley Longman, 2000.

[210] United Nations. Integrated Environmental and Economic Accounting 2003 [M]. New York: United Nations, 2003.

[211] Wernick I. and J. H. Ausbel. National Material Flows and the Environment [R]. Annual Review Energy Environment, 1995 (20): 463 – 492.

[212] World Resources Institute. Weight of Nations: Material Outflows from Industrial Economies [M]. Washington DC: World Resources Institute, 1997.

[213] Yoshinori Kobayashi, Hideki Kobayashi, Akinori Hongu and Kiyoshi Sanehira. A Practical Method for Quantifying Eco-efficiency Using Eco-design Support Tools [J]. Journal of Industrial Ecology, 2005 (4): 131 – 144.

[214] Zhu Dajian. From Sustainable Development to Circular Economy [J]. World Environment, 2000 (3): 6 – 12.

[215] EUROSTAT. Economy-wide Material Flow Accounts and Derived Indicators: Methodological Guide [M]. Luxembourg: EUROSTAT, 2001. 9 – 15.

[216] EUROSTAT. Material Use in the European Union 1980 – 2000: Indicators and Analysis [R]. Luxembourg: Statistical Office of the European Union, 2002.

[217] OECD. Recommendation on Material Flows and Resource Productivity. Adopted by the OECD Council on 21 April 2004. Paris: OECD, 2004.

[218] Asheim G B. Net National Product as an Indicator of Sustainability [J]. Scandinavian Journal of Economics, 1994 (96): 257 – 265.

[219] Ayres R U, Kneese A V. Production, Consumption and Externalities [J]. American Economic Review, 1969, 59 (3): 282 – 297.